Alle Rezepte sind für
4 Personen berechnet

Combi-Steam SL: Die Küchenrevolution im Privathaushalt

Es war in den 70er-Jahren des vergangenen Jahrhunderts: Immer mehr Topköche entdeckten den Steamer und damit das Kochen mit Dampf.

Für die Profiköche war rasch klar: Mit Dampf lassen sich Gemüse, Fisch und Meeresfrüchte weit schonungsvoller zubereiten als im Salzwasser oder in der Bratpfanne. Dazu kommt, dass der Eigengeschmack weit besser erhalten bleibt.

So weit, so gut. Die tollen Steamer waren jedoch für Restaurants und Grossbetriebe konzipiert – den Steamer für den Privathaushalt gab es noch nicht.

Dampf ist nicht gleich Dampf

Der von V-ZUG für den Privathaushalt entwickelte Combi-Steam SL revolutioniert das ebenso schonende wie einfache Kochen zu Hause. Das drucklose Dampfverfahren ermöglicht so ein einfaches und präzises Garen. Ein cleverer Klimasensor lässt das Gargut bei optimalem Klima dämpfen, unabhängig von der Menge und Art des Gargutes. Lebenswichtige Vitamine, Spurenelemente und Mineralstoffe sowie der Eigengeschmack der Lebensmittel bleiben intensiver erhalten, Salzen und Würzen wird somit fast überflüssig. Das neue Gerät von V-ZUG bietet aber nicht nur drucklosen Dampf, sondern verbindet ihn mit echter Heissluft.

Diese Kombination lässt deshalb dämpfen, backen und regenerieren in einem Gerät zu. Backwaren gelingen, als ob sie vom Bäcker direkt wären. Aber auch vorbereitete Mahlzeiten erfahren mit Dampf und Heissluft ein wahres Erfrischungsbad, so dass sie ohne Qualitäts- und Feuchtigkeitsverlust auf den Tisch kommen.

Sie zaubern herrliche, gesunde Gerichte auf den Tisch – spielend leicht – mit Dampf eben!

Alles nur heisse Luft? Wenn ich Ihnen sage, dass Sie als Hobbyköchin oder Hausmann dank einer Prise Dampf von einem Tag zum anderen professionelles Niveau erreichen, dann werden Sie mir mit Bestimmtheit antworten, ich würde den Mund nun wohl doch etwas zu voll nehmen. Gut, ich gebe zu, es braucht dazu das perfekte Gerät – und vor allem die Freude an wahrem, gutem Essen.

Was ich in meiner Küche anstrebe, ist die Naturbelassenheit der Nahrungsmittel, Gerichte ohne Schnörkel. Die Speisen und die Zutaten sollen bei der Zubereitung ihren Eigengeschmack optimal entwickeln können. Meine Sensibilität für diese Dinge stammt aus meiner Kindheit. Ich bin mit vier Geschwistern auf einem Bauernhof in der Nähe von Baden aufgewachsen, wo meine Mutter auch eine Gaststube führte. Noch heute erinnere ich mich an den Geschmack schlachtwarmen Fleisches und den Duft des frisch gestochenen Lauches, wenn er aus dem Garten kam.

Es freut mich, dass dank moderner Technologie nun Mittel zur Verfügung stehen, die mein Bestreben unterstützen. In der Profiküche sind diese Geräte schon länger eine Selbstverständlichkeit. Im Privathaushalt setzen sie neue Standards. Schonendes Dampfgaren im eigenen Saft und ohne Druck ist das Geheimnis. Die Methode ist simpel – und die Resultate entsprechen den neuesten ernährungswissenschaftlichen Erkenntnissen.

Ich behaupte, wer sich heute falsch ernährt, verpasst das halbe Leben. Nicht nur, weil man sich mit ausgewogener Ernährung besser fühlt, sondern auch, weil gesundes Essen schlicht mehr Freude macht. Weniger ist mehr, aber es muss das Richtige sein. Achten Sie beim Einkaufen vor allem auf frische Produkte, und gehen Sie dafür ruhig auch einen Schritt weiter – das ist auch nicht ungesund.

Ein Fisch ist ein Fisch, und das ist das Faszinierende daran. Bereiten wir ihn nach der richtigen Methode zu, bleibt er es auch. Wichtig sind Sorgfalt und Präzision in der Wahl von Produkten und Zutaten, von Gewürzen und Garzeiten. Ob Fisch, Fleisch oder Gemüse – es ist eine Freude, wenn sie auf den Tisch kommen und auf unserem Teller ihr ureigenes, unverfälschtes Aroma entfalten.

Die eine Prise Dampf bringt es auf den Punkt und macht aus Ihren Gerichten kulinarische Offenbarungen.

Ich wünsche Ihnen den vollen Genuss!

Stefan Meier
Gasthaus Rathauskeller, Zug

Tomatenkaltschale mit Büffel-Mozzarella

Zutaten

700 g	frische Tomaten, Stielansatz entfernt, auf der gegenüberliegenden Seite kreuzweise eingeschnitten
1 dl	Olivenöl
1	Knoblauchzehe, halbiert, Keimling entfernt
1 dl	Rahm
	Salz und Pfeffer

Zutaten Garnitur

200 g	Büffel-Mozzarella, in feine Scheiben geschnitten
1	kleiner Bund Basilikum, in feine Streifen geschnitten
2 EL	Olivenöl
	schwarzer Pfeffer aus der Mühle

Zubereitung

- Die Tomaten auf das Edelstahlblech legen und während 2 Minuten bei 100 °C dämpfen.
- Herausnehmen und mit einem kleinen Rüstmesser enthäuten.
- Die Tomaten halbieren, ausdrücken und dabei das Tomatenmark in einer Schüssel auffangen und bereithalten.
- Die Tomaten auf das Edelstahlblech zurücklegen, mit Salz und Pfeffer würzen und während 25 Minuten bei 100 °C weich garen.
- Herausnehmen und mit einem Stand- oder Stabmixer pürieren.
- Das ausgedrückte Tomatenmark durch ein feines Küchensieb streichen und zufügen.
- In einen Kochtopf geben und auf dem Herd aufkochen lassen.
- 1 dl Olivenöl zugeben und die Knoblauchzehe dazupressen.
- Nochmals mit Salz und Pfeffer abschmecken und den Rahm zufügen.
- Aufkochen lassen, vom Herd nehmen und kühl stellen.

Anrichten

- Die Tomatenkaltschale auf 4 Suppenteller verteilen.
- Die Mozzarella-Scheiben hineinlegen und die Basilikumstreifen darüber verteilen.
- Mit Olivenöl beträufeln und mit Pfeffer bestreuen.

Garstufen Tomaten

mit Vorheizen – Auflage 1
2 Minuten 100 °C Dämpfen
25 Minuten 100 °C Dämpfen

Spargel-Morchel-Suppe

Zubereitung

- Die gerüsteten Spargeln in den gelochten Garbehälter legen, salzen, pfeffern und während 6 Minuten bei 100 °C dämpfen.
- Aus dem Garraum nehmen und mit viel kaltem Wasser abschrecken.
- Die Spargeln längs halbieren, die Spitzen auf eine Länge von 3 cm zuschneiden und beiseite stellen.
- Den Rest in 1 cm grosse Stücke schneiden und als Suppeneinlage ebenfalls beiseite stellen.
- Die Butter in einer Saucenpfanne auf dem Herd zergehen lassen und die gewaschenen Morcheln zugeben.
- Während 4 bis 5 Minuten gut andünsten.
- In ein Abtropfsieb schütten. Den dabei entstandenen Fond auffangen und zurück in die Pfanne geben.
- Auf dem Herd bei mittlerer Hitze sirupartig einkochen lassen.
- 1 dl Vollrahm beifügen und 3 Minuten kōcheln lassen.
- Die Morcheln wieder zugeben und mit Salz und Pfeffer würzen.
- Vom Herd nehmen und beiseite stellen.
- In der zweiten Saucenpfanne die Gemüsebouillon aufkochen.
- Die Spargelstücke und die Morcheln beifügen und 1 dl Schlagrahm darunterheben.
- Nochmals aufkochen lassen und mit Salz und Pfeffer abschmecken.
- Vom Herd nehmen und beiseite stellen.

Anrichten

- Die Suppe auf 4 Suppentellern anrichten (darauf achten, dass die Morcheln und die Spargelstücke gleichmässig verteilt sind).
- Mit 5 Spargelspitzen pro Teller garnieren.

Zutaten

10	mittelgrosse grüne Spargeln, unten 2 cm abgeschnitten, unteres Drittel geschält
120 g	frische Morcheln, halbiert, sehr gut gewaschen (3- bis 4-mal, bis kein Sand mehr im Wasser zurückbleibt)
4 dl	Gemüsebouillon
1 dl	Vollrahm
1 dl	Schlagrahm
30 g	Butter
	Salz und Pfeffer

Garstufen Spargeln

mit Vorheizen – Auflage 1
6 Minuten 100 °C Dämpfen

Muscade-Kürbis-Suppe

Zubereitung

- Die Kürbisstücke auf dem Edelstahlblech verteilen und mit Salz und Pfeffer würzen.
- Während 35 Minuten bei 100 °C dämpfen.
- Aus dem Garraum nehmen und die Kürbisstücke in ein Mixerglas geben.
- Gemüsebouillon, Milch und Rahm zugeben. Die Knoblauchzehe dazupressen und die Chilischote zufügen.
- Alles gut pürieren und anschliessend in einen Kochtopf geben.
- Mit Salz und Pfeffer würzen und auf dem Herd aufkochen lassen.
- Vom Herd nehmen, den Schnittlauch zufügen und bereithalten.

Anrichten

- Die Kürbissuppe auf 4 Suppenteller verteilen.
- Mit den Kürbiskernen und dem Kürbiskernöl garnieren.

Zutaten Kürbissuppe

500 g	Muscade-Kürbis, geschält, Kerngehäuse entfernt, grob gewürfelt
1,5 dl	Gemüsebouillon
1,5 dl	Milch
1,5 dl	Rahm
1	Knoblauchzehe, halbiert, Keimling entfernt
1	Chilischote, getrocknet, zerkrümelt
1 Bund	Schnittlauch, fein geschnitten
	Salz und Pfeffer

Zutaten Garnitur

20	Kürbiskerne
2 EL	Kürbiskernöl

Garstufen Muscade-Kürbis

mit Vorheizen – Auflage 1
35 Minuten 100 °C Dämpfen

Maissuppe mit Koriander

Zubereitung

- Die rohen Maiskolben in den gelochten Garbehälter legen und 25 Minuten bei 100 °C dämpfen.
- Aus dem Garraum nehmen und die beiden Enden mit einem scharfen Messer abschneiden.
- Die Maiskolben senkrecht stellen und die Körner vertikal vom Strunk schneiden.
- Nun die Maiskörner mit dem Stand- oder Stabmixer fein pürieren und durch ein Küchensieb in die grosse Saucenpfanne passieren.
- Mit der Gemüsebouillon aufgiessen und auf dem Herd aufkochen.
- Mit dem Rahm und der Butter verfeinern.
- Salzen, pfeffern und vom Herd nehmen.
- Beiseite stellen.

Anrichten

- Die Maissuppe auf 4 Suppenteller verteilen.
- Mit Korianderkörnern bestreuen und mit den gezupften Korianderblättern garnieren.

Zutaten

2	grosse frische Süssmaiskolben
5 dl	Gemüsebouillon
1 dl	Vollrahm
50 g	Butter, zimmerwarm
	Salz und Pfeffer
1	kleiner Bund Koriandergrün, Blätter abgezupft
$^{1}/_{2}$ TL	Korianderkörner

Garstufen Mais

mit Vorheizen – Auflage 1
25 Minuten 100 °C Dämpfen

Brüsseler-Suppe

Vorbereitung

- Um dem Brüsseler die Bitterstoffe etwas zu entziehen, wird er kurz vor der Zubereitung während 10 Minuten in heisses Wasser eingelegt.
- Anschliessend durch ein Sieb abgiessen und mit kaltem Wasser abspülen.
- Gut abtropfen lassen.

Zubereitung

- Brüsseler auf dem Edelstahlblech verteilen und mit Salz und Pfeffer würzen.
- Während 15 Minuten im Garraum bei 100 °C dämpfen.
- Aus dem Garraum nehmen und durch ein Sieb abschütten.
- Den entstandenen Fond in einem Messbecher auffangen, bis auf 4 dl mit Gemüsebouillon auffüllen und bereithalten.
- 2 dl Rahm in einem Kochtopf auf dem Herd aufkochen.
- Brüsseler-Fond und Gemüsebouillon zugeben.
- Mit Salz und Pfeffer würzen, den Brüsseler sowie den Kerbel zufügen.
- Nochmals aufkochen und bereithalten.

Anrichten

- Die Brüsseler-Suppe auf 4 Suppenteller verteilen.

Zutaten

400 g	Brüsseler, längs geviertelt, Strunk entfernt, blättrig geschnitten
	aufgefangener Fond vom Brüsseler (entsteht beim Kochen)
3 dl	Gemüsebouillon
2 dl	Rahm
1	Bund Kerbel, gezupft
	Salz und Pfeffer

Garstufen Brüsseler

mit Vorheizen – Auflage 1
15 Minuten 100 °C Dämpfen

Muschelsuppe

Zubereitung

- Die Muscheln zusammen mit der gehackten Zwiebel und den Champignons auf das Edelstahlblech legen und während 5 Minuten bei 100 °C im Garraum dämpfen.
- Aus dem Garraum nehmen. Die Muscheln aus der Schale lösen und mit den Champignons und der Zwiebel beiseite stellen.
- Den Muschelfond durch ein Sieb in eine Saucenpfanne abgiessen.
- Rahm und Gemüsebouillon zugeben und auf dem Herd aufkochen lassen.
- Die Petersilie zufügen und Muscheln, Zwiebel und Champignons dazugeben.
- Nochmals aufkochen lassen, mit Salz und Pfeffer würzen und anrichten.

Anrichten

- Die Suppe mit einem Suppenschöpfer auf 4 Suppenteller verteilen.

Zutaten

400 g	Miesmuscheln, roh, gewaschen
1	mittelgrosse Zwiebel, fein gehackt
200 g	Champignons, in Scheiben geschnitten
2 dl	Gemüsebouillon
1,5 dl	Rahm
1	kleiner Bund glattblättrige Petersilie, grob gehackt
	Salz und Pfeffer

Garstufen Muscheln

mit Vorheizen – Auflage 1
5 Minuten 100 °C Dämpfen

Sauerkraut-Sellerie-Suppe mit Riesencrevetten

Zubereitung Sauerkraut-Sellerie-Suppe

- Die Selleriescheiben auf dem Edelstahlblech ausbreiten und während 35 Minuten bei 100 °C dämpfen.
- Gleichzeitig das Sauerkraut auf ein zweites Edelstahlblech legen und während 30 Minuten bei 100 °C dämpfen.
- Das Sauerkraut aus dem Garraum nehmen, etwas abkühlen lassen und grob hacken, beiseite stellen.
- Den Sellerie aus dem Garraum nehmen und im Mixer fein pürieren.
- Das Selleriepüree, das Sauerkraut und 3 dl Gemüsebouillon in einen Kochtopf geben und auf dem Herd aufkochen.
- 2 dl Schlagrahm zugeben, mit Salz und Pfeffer würzen, vom Herd nehmen und beiseite stellen.

Zubereitung Riesencrevetten

- Die Crevetten auf das Edelstahlblech legen, mit Salz und Pfeffer würzen und während 2 Minuten bei 100 °C dämpfen.
- Herausnehmen und beiseite stellen.

Anrichten

- Die Suppe auf 4 Suppenteller verteilen.
- Pro Teller 6 halbe Riesencrevetten auf der Suppe anrichten.

Zutaten Suppe

500 g	Knollensellerie, geschält, blättrig geschnitten
150 g	Sauerkraut, roh
3 dl	Gemüsebouillon
2 dl	Schlagrahm
	Salz und Pfeffer

Zutaten Riesencrevetten

12	Riesencrevetten, ohne Kopf, geschält, halbiert, Darm entfernt
	Salz und Pfeffer

Garstufen Sellerie

mit Vorheizen – Auflage 1
35 Minuten 100 °C Dämpfen

Garstufen Sauerkraut

mit Vorheizen – Auflage 2
30 Minuten 100 °C Dämpfen

Garstufen Riesencrevetten

mit Vorheizen – Auflage 1
2 Minuten 100 °C Dämpfen

Peperoni-Suppe mit Speckstreifen und Brotcroûtons

Zutaten Peperoni-Suppe

3 EL	Erdnussöl
1	kleine Zwiebel, gehackt
3	grosse, rote Peperoni, entkernt, gewürfelt
4 dl	Gemüsebouillon
1	Knoblauchzehe, halbiert, Keimling entfernt
1	Zweig frischer Thymian, Blätter abgezupft
1	Peperoncini, zerkleinert
1,5 dl	Rahm
	Salz und Pfeffer

Zutaten Einlage

1 EL	Butter
80 g	Brot, klein gewürfelt
60 g	Speck, in Streifen geschnitten

Zubereitung Peperoni-Suppe

- 3 Esslöffel Erdnussöl in einem Kochtopf auf dem Herd erhitzen.
- Zwiebel zugeben und gut andünsten.
- Peperoni-Würfel zufügen, mit Salz und Pfeffer würzen und während 5 Minuten mitdünsten.
- Mit 4 dl Gemüsebouillon auffüllen und aufkochen lassen.
- Vom Herd nehmen und zugedeckt auf dem Edelstahlblech während 20 Minuten bei 200 °C Heissluft mit Beschwaden in den Garraum geben.
- Aus dem Garraum nehmen und mit einem Stand- oder Stabmixer pürieren.
- Während des Mixens die Knoblauchzehe dazupressen.
- Durch ein Sieb zurück in den Kochtopf passieren.
- Thymian, Peperoncini und Rahm zugeben.
- Mit Salz und Pfeffer abschmecken und nochmals aufkochen lassen.
- Vom Herd nehmen und beiseite stellen.

Zubereitung Einlage

- Einen Esslöffel Butter in der Bratpfanne auf dem Herd zergehen lassen.
- Brotwürfel und Speckstreifen zugeben und goldgelb rösten.
- Vom Herd nehmen und sofort anrichten.

Anrichten

- Die Suppe auf 4 Suppenteller verteilen, mit Brotcroûtons und Speckstreifen bestreuen.

Hinweis

- Die Peperoni-Suppe kann auch kalt serviert werden. Die Einlage muss jedoch heiss sein!

Garstufen Peperoni

mit Vorheizen – Auflage 1
20 Minuten 200 °C Heissluft mit Beschwaden

Linsensuppe mit Gnagi

Zubereitung

- 3 Esslöffel Erdnussöl in einem Kochtopf auf dem Herd erhitzen.
- Zwiebeln und Knoblauch zugeben und gut andünsten.
- Die Linsen in ein Abtropfsieb abschütten, gut abtropfen lassen und hinzufügen.
- Die Linsen mitdünsten und den Kochtopf anschliessend mit 6 dl Gemüsebouillon auffüllen.
- Die Gnagi zugeben und aufkochen lassen.
- Zugedeckt während 25 Minuten bei 220 °C Heissluft mit Beschwaden garen.
- Die Gnagi mit einer Fleischgabel aus dem Garraum nehmen und auf 4 Suppenteller verteilen.
- Die Suppe mit einem Stab- oder Standmixer pürieren. Während des Pürierens nach und nach den Rahm zugiessen.
- Die Suppe sanft aufkochen lassen und bei Bedarf mit Salz und Pfeffer würzen.

Anrichten

- Die Suppe auf die 4 Suppenteller mit den Gnagi verteilen. Mit der gehackten Petersilie bestreuen.

Zutaten

3 EL	Erdnussöl
100 g	Zwiebeln, gehackt
1	Knoblauchzehe, halbiert, Keimling entfernt, gehackt
100 g	braune Linsen, am Vortag eingeweicht
100 g	grüne Linsen, am Vortag eingeweicht
6 dl	Gemüsebouillon
4	Gnagi à je 100 g
1 dl	Rahm
1	kleiner Bund glattblättrige Petersilie, grob gehackt
	Salz und Pfeffer

Garstufen Linsen und Gnagi

mit Vorheizen – Auflage 1
25 Minuten 220 °C Heissluft mit Beschwaden

Gemüsesalat mit Parmesan und Rucola

Zutaten Gemüsesalat

1	mittelgrosser Broccoli, in kleine Röschen zerteilt
1	mittelgrosse Zucchetti, in Stäbchen geschnitten
1	mittelgrosse Karotte, geschält, in Stäbchen geschnitten
1	grosser Fenchel, Strunk entfernt, in Streifen geschnitten
1	grosser Kohlrabi, geschält, in Stäbchen geschnitten

Zutaten Salatsauce

1	Ei
1 EL	Senf
4 EL	Rahm
2,5 dl	Rapsöl
6 EL	Weissweinessig
4 EL	Gemüsebouillon
	Salz und Pfeffer
	oder
1 dl	französische Salatsauce pro Person

Zutaten Garnitur

80 g	Parmesan, in feine Tranchen gehobelt
60 g	Rucola

Zubereitung

- Für die Salatsauce das Ei, 1 Esslöffel Senf und 4 Esslöffel Rahm in einer Schüssel vermengen.
- Rapsöl unter ständigem Rühren beifügen.
- Zuletzt Weissweinessig und Gemüsebouillon einrühren, mit Salz und Pfeffer würzen und beiseite stellen.
- Karotte und Fenchel zusammen in den gelochten Garbehälter legen und während 12 Minuten bei 100 °C dämpfen.
- Broccoli und Kohlrabi in einem zweiten gelochten Garbehälter ausbreiten und nach 5 Minuten ebenfalls in den Garraum geben.
- Nach weiteren 4 Minuten Zucchetti über Broccoli und Kohlrabi verteilen und während 3 Minuten fertig garen.
- Alle Gemüse herausnehmen, in ein Abtropfsieb abschütten und gut abtropfen lassen.
- Zur Salatsauce geben und gut mischen.

Anrichten

- Gemüsesalat auf 4 Pastateller verteilen.
- Rucola darübergeben und mit 3 Parmesanrollen garnieren.

Garstufen Karotte und Fenchel

mit Vorheizen – Auflage 1
12 Minuten 100 °C Dämpfen

Garstufen Broccoli und Kohlrabi

mit Vorheizen – Auflage 2
7 Minuten 100 °C Dämpfen

Garstufen Zucchetti

mit Vorheizen – Auflage 2
3 Minuten 100 °C Dämpfen

Brüsseler-Salat mit Kumquats und Sepia-Nudeln

Zubereitung

- Die Brüsseler-Salat-Zapfen in eine Schüssel geben, mit lauwarmem Wasser übergiessen und bis zum weiteren Gebrauch beiseite stellen.
- Sepia-Nudeln in genügend kochendem Salzwasser in einem Topf auf dem Herd al dente kochen.
- Vom Herd nehmen, in ein Abtropfsieb abschütten, mit kaltem Wasser abschrecken und in eine Schüssel geben.
- Einen Esslöffel Olivenöl zugeben, mit Salz und Pfeffer würzen und gut mischen.
- Die Nudeln mit der Fleischgabel zu 4 gleich grossen Nestchen formen, in den gelochten Garbehälter legen und beiseite stellen.
- Für die französische Salatsauce 1 Ei, 1 Esslöffel Senf und 2 Esslöffel Rahm in einer Schüssel vermengen.
- Unter ständigem Rühren 12 Esslöffel Rapsöl beifügen.
- Zum Schluss 3 Esslöffel Weissweinessig und 2 Esslöffel Gemüsebouillon einrühren und mit Salz und Pfeffer würzen.
- Die Kumquats zu den Sepia-Nudeln auf das Edelstahlblech legen und während 2 Minuten bei 130 °C im Garraum regenerieren.
- Herausnehmen und beiseite stellen.
- Den eingelegten Brüsseler in ein Abtropfsieb abschütten, gut abtropfen lassen und mit der französischen Salatsauce mischen.

Anrichten

- Brüsseler-Salat auf 4 flachen Vorspeisen-Teller anrichten.
- Sepia-Nudeln darauf legen und rundum mit 7 Kumquatscheiben und 7 Baumnüssen pro Teller garnieren.

Zutaten Salat

400 g	Brüsseler-Salat-Zapfen, fein geschnitten
10	Kumquats, in je 4 Scheiben geschnitten
14	Baumnüsse, halbiert
120 g	Sepia-Nudeln
1 EL	Olivenöl
	Salz und Pfeffer

Zutaten Salatsauce

1	Ei
1 EL	Senf
1 EL	Rahm
12 EL	Rapsöl
3 EL	Weissweinessig
2 EL	Gemüsebouillon
	Salz und Pfeffer
	oder
0,5 dl	französische Salatsauce pro Person

Garstufen Kumquats

mit Vorheizen – Auflage 1
2 Minuten 130 °C Regenerieren

Sauerkraut im Blätterteig, gebacken mit Wirz und Speck, und Karottensalat

Zubereitung Sauerkrautwickel

- Das Sauerkraut auf das Edelstahlblech legen und während 30 Minuten bei 100 °C dämpfen.
- Die Wirzblätter auf einem zweiten Edelstahlblech verteilen und nach 27 Minuten zum Sauerkraut in den Garraum geben.
- Nach 3 Minuten beide Bleche aus dem Garraum nehmen.
- Den Wirz beiseite stellen.
- Das Sauerkraut auf einem Schneidbrett mit dem Gemüsemesser fein hacken.
- In eine Schüssel geben, mit 2 Eigelb und 1 dl Rahm mischen, mit Salz und Pfeffer abschmecken, beiseite stellen.
- Den Blätterteig auf ein Backpapier legen und die Specktranchen darauf verteilen.
- Mit den Wirzblättern belegen und anschliessend das Sauerkraut linksbündig über die gesamte Länge verteilen. Rundherum ca. 2 cm frei lassen.
- Mit Hilfe des Backpapiers den Blätterteig einrollen.
- Die Ränder mit Wasser bepinseln und gut zusammendrücken.
- Mit dem Backpapier auf den Gitterrost legen und mit einer Gabel in regelmässigem Abstand einstechen.
- Mit Eigelb- und Rahmgemisch bestreichen und während 35 Minuten bei 210 °C Profi-Backen backen.
- Herausnehmen und beiseite stellen.

Zubereitung Karottensalat

- Die Karotten mit der Röstireibe in eine Schüssel reiben.
- Orangen-, Zitronensaft und 8 Esslöffel Erdnussöl zugeben.
- Mit Salz und Pfeffer würzen und gut mischen.

Anrichten

- Karottensalat auf 4 flache Teller verteilen.
- Sauerkrautwickel mit Brotmesser in 12 gleich grosse Stücke schneiden und pro Teller 3 Stück um den Karottensalat anrichten.

Hinweis

- Der Garraum muss vor dem Profi-Backen ausgekühlt sein, da ansonsten die Dampf-Phase nicht korrekt ablaufen kann!

Zutaten Sauerkrautwickel

300 g	Sauerkraut, roh
100 g	Wirzblätter, Strunk entfernt
3	Eigelb
1 dl	Rahm
300 g	Blätterteig, rechteckig ausgewallt
12	Tranchen Frühstücksspeck
	Salz und Pfeffer

Zutaten Karottensalat

500 g	Karotten, geschält
1	Zitrone, nur Saft
1	Orange, nur Saft
8 EL	Erdnussöl
	Salz und Pfeffer

Garstufen Sauerkraut

mit Vorheizen – Auflage 1
30 Minuten 100 °C Dämpfen

Garstufen Wirz

mit Vorheizen – Auflage 1
3 Minuten 100 °C Dämpfen

Garstufen Blätterteig

35 Minuten 210 °C Profi-Backen

Sommersalat mit frischem Thunfisch

Zubereitung

- Die Kartoffelscheiben in den ersten gelochten Garbehälter legen, mit Salz und Pfeffer würzen und 20 Minuten bei 100 °C dämpfen.
- Die Bohnen im zweiten gelochten Garbehälter verteilen, salzen und pfeffern und nach 14 Minuten zu den Kartoffelscheiben in den Garraum geben.
- Die Thunfischwürfel auf das Edelstahlblech legen, mit Salz und Pfeffer würzen und nach weiteren 3 Minuten ebenfalls in den Garraum geben.
- Nach weiteren 3 Minuten alle Bleche aus dem Garraum nehmen und beiseite stellen.

Anrichten

- Die Tomatenscheiben fächerartig auf 4 Pastatellern anrichten und mit Meersalz und zerstossenen Pfefferkörnern bestreuen.
- Zuerst die Kartoffelscheiben, dann die Thunfischwürfel, die Oliven, die Bohnen und die Zwiebelringe darauf verteilen und gleichmässig mit dem Olivenöl und dem Balsamico-Essig beträufeln.
- Nochmals mit dem Meersalz und den zerstossenen Pfefferkörnern bestreuen und mit den Basilikumstreifen garnieren.

Zutaten

4	mittelgrosse Tomaten
400 g	neue Kartoffeln, in Scheiben von 5 mm Dicke geschnitten
200 g	grüne Bohnen, halbiert und längs aufgeschnitten
16	Oliven, grün und schwarz, mit Stein
1	mittelgrosse rote Zwiebel, in hauchdünne Ringe geschnitten
500 g	frischer Thunfisch, in 2 cm grosse Würfel geschnitten
12 EL	Olivenöl
4 EL	Balsamico-Essig
4 Prisen	grobes Meersalz
4 Prisen	schwarze Pfefferkörner, im Mörser zerstossen
1	kleiner Bund Basilikum, in feine Streifen geschnitten
	Salz und Pfeffer

Garstufen Kartoffeln

mit Vorheizen – Auflage 1
20 Minuten 100 °C Dämpfen

Garstufen Bohnen

mit Vorheizen – Auflage 2
6 Minuten 100 °C Dämpfen

Garstufen Thunfisch

mit Vorheizen – Auflage 3
3 Minuten 100 °C Dämpfen

Vitello-Tonnato-Terrine mit Rucola

Zutaten Kalbfleisch

400 g	Kalbsschulter, mager
	Salz und Pfeffer

Zutaten Siedfleisch-Terrinenfüllung

1	Schalotte, fein gehackt
1	Tomate, Kerne entfernt, fein gewürfelt
80 g	Weissbrot, gewürfelt
125 g	Thon aus der Dose, weiss, abgetropft
70 g	Mascarpone
50 g	getrocknete Tomaten, fein gehackt
2 EL	Olivenöl
	Olivenöl zum Bepinseln der Terrinenform
	Salz und Pfeffer

Zutaten Garnitur

200 g	Rucola
12	Cherry-Tomaten
4 EL	Olivenöl
2 EL	Balsamico-Essig
1 Prise	Meersalz, grob
1 Prise	schwarze Pfefferkörner, im Mörser zerstossen

Zubereitung Terrinenfüllung

- Das Olivenöl in einer Saucenpfanne auf dem Herd erhitzen und die gehackte Schalotte darin leicht andünsten.
- Die Brot- und die Tomatenwürfel beifügen und während 4 Minuten mitdünsten.
- Vom Herd nehmen, auskühlen lassen und anschliessend in einen Stand- oder Stabmixer geben.
- Den Thon, den Mascarpone und die getrockneten Tomaten zufügen und fein pürieren.
- Mit Salz und Pfeffer abschmecken und beiseite stellen.

Zubereitung Kalbfleisch

- Die Kalbsschulter beidseitig leicht salzen und pfeffern und auf das Edelstahlblech legen.
- Während 60 Minuten bei 100 °C dämpfen.
- Aus dem Garraum nehmen und auskühlen lassen.
- Das Kalbfleisch in sehr feine Tranchen schneiden und beiseite stellen.

Zubereitung Terrine

- Die mit Olivenöl bepinselte Terrinenform mit den geschnittenen Kalbfleischtranchen auslegen und eine 5 mm dicke Schicht Thonmasse darauf verteilen.
- Wieder mit Kalbfleischtranchen belegen und bis zum Rand der Terrinenform weiter so fortfahren. Zuletzt mit Fleischtranchen belegen.
- Die Terrine während eines Tages in den Kühlschrank geben und leicht beschweren, damit sie kompakt wird.

Anrichten

- Die Terrine aus dem Kühlschrank nehmen und auf ein Schneidbrett stürzen.
- Mit einem scharfen Sägemesser die Terrine vorsichtig in 8 Stücke schneiden und auf 4 flache Teller verteilen.
- Rucola in der Mitte der 4 Teller anrichten, mit Cherry-Tomaten garnieren und mit Olivenöl und Balsamico-Essig beträufeln.
- Mit Meersalz und zerstossenem schwarzem Pfeffer aromatisieren.

Garstufen Kalbfleisch

mit Vorheizen – Auflage 1
60 Minuten 100 °C Dämpfen

Couscous-Salat mit Gemüse und Crevetten

Zutaten Couscous-Salat

200 g	Couscous-Griess
2 dl	Gemüsebouillon
	Olivenöl
3 EL	Weissweinessig
100 g	Knollensellerie, geschält, in feine Würfel geschnitten
100 g	Karotten, geschält, in feine Würfel geschnitten
100 g	Lauch, in feine Würfel geschnitten
1	Bund Pfefferminze, in feine Streifen geschnitten
	Salz und Pfeffer

Zutaten Crevetten

20	Crevetten, ohne Kopf, geschält, halbiert, Darm entfernt
	Salz und Pfeffer

Zubereitung Couscous-Salat

- Den Couscous-Griess in eine Rührschüssel geben und mit 2 dl kochender Gemüsebouillon übergiessen.
- Einen Esslöffel Olivenöl beifügen und alles gut vermischen.
- 10 Minuten ohne Umrühren quellen lassen.
- Inzwischen die Gemüsewürfel auf dem Edelstahlblech verteilen und salzen.
- 6 Minuten bei 100 °C dämpfen.
- Herausnehmen und zum Couscous geben.
- 6 Esslöffel Olivenöl und 3 Esslöffel Weissweinessig zufügen und mit Salz und Pfeffer würzen.
- Die Pfefferminzstreifen beifügen, alles gut mischen und beiseite stellen.

Zubereitung Crevetten

- Die Crevetten auf das Edelstahlblech legen, mit Salz und Pfeffer würzen und während 2 Minuten bei 100 °C dämpfen.
- Herausnehmen und bereithalten.

Anrichten

- Mit einem grossen Eisportionierer die Hälfte des Couscous-Salats in die Mitte von 4 flachen Tellern geben.
- Mit einem kleinen Eisportionierer oder einem kleinen Löffel abwechslungsweise mit der anderen Hälfte des Salats 5 kleine Kugeln Salat und 5 Crevetten rundum anrichten.

Garstufen Gemüse

mit Vorheizen – Auflage 1
6 Minuten 100 °C Dämpfen

Garstufen Crevetten

mit Vorheizen – Auflage 1
2 Minuten 100 °C Dämpfen

Spargel-Linsen-Salat mit Rauchlachs

Zubereitung

- Die eingeweichten Linsen in ein Abtropfsieb schütten, gut abspülen und abtropfen lassen.
- In den ersten gelochten Garbehälter legen, mit Salz und Pfeffer würzen und während 15 Minuten bei 100 °C im Garraum dämpfen.
- Aus dem Garraum nehmen und beiseite stellen.
- Die Spargeln in den zweiten gelochten Garbehälter legen, salzen und während 6 Minuten bei 100 °C im Garraum dämpfen.
- Aus dem Garraum nehmen und mit viel kaltem Wasser abschrecken.
- Die Spargelspitzen auf eine Länge von 8 cm kürzen, längs halbieren und beiseite stellen.
- Den Rest der Spargeln längs vierteln, fein würfeln und zusammen mit den Linsen in eine Schüssel geben.
- Die Schalotte, die Petersilie, das Olivenöl und den Balsamico-Essig beifügen.
- Alles gut mischen und mit Salz und Pfeffer abschmecken.
- Beiseite stellen.

Anrichten

- 4 flache Teller mit Schnittsalat belegen und den Spargel-Linsen-Salat in der Mitte anrichten.
- Die Spargelspitzen quadratisch um den Salat anrichten und den Rauchlachs dazulegen.

Zutaten

8	mittelgrosse grüne Spargeln, unten 2 cm abgeschnitten, unteres Drittel geschält
50 g	Linsen, grün, am Vortag in lauwarmem Wasser eingeweicht
50 g	Linsen, braun, am Vortag in lauwarmem Wasser eingeweicht
1	Schalotte, fein gehackt
1 EL	glattblättrige Petersilie, grob gehackt
6 EL	Olivenöl
2 EL	Balsamico-Essig
	Salz und Pfeffer
250 g	Rauchlachs, in 16 Tranchen geschnitten
50 g	Schnittsalat zum Unterlegen

Garstufen Linsen

mit Vorheizen – Auflage 1
15 Minuten 100 °C Dämpfen

Garstufen Spargeln

mit Vorheizen – Auflage 1
6 Minuten 100 °C Dämpfen

Spargel-Tartar mit Serrano-Rohschinken

Zutaten

800 g	grüne Spargeln, unten 2 cm abgeschnitten, unteres Drittel geschält
1	Eigelb
2 EL	Vollrahm
2 EL	Olivenöl
1 TL	Sherry-Essig
1 TL	Senf, körnig
1 TL	Schnittlauch, fein geschnitten
1 TL	Schalotten, fein gehackt
$^1/_2$	Knoblauchzehe, halbiert, Keimling entfernt, gepresst
	Salz und Pfeffer
24	Tranchen Serrano-Rohschinken, sehr fein geschnitten, aufgerollt

Zutaten Garnitur

wenig Meersalz
zerstossener schwarzer Pfeffer
Olivenöl

Zubereitung

- Die Spargeln in den gelochten Garbehälter legen, salzen und während 6 Minuten bei 100 °C dämpfen.
- Aus dem Garraum nehmen und sofort in viel kaltem Wasser abschrecken.
- Die Spargelspitzen auf eine Länge von 10 cm kürzen.
- Die Enden längs vierteln, in feine Würfel schneiden und beiseite stellen.
- Das Eigelb, den Rahm und den Sherry-Essig in eine Schüssel geben und mischen.
- 2 Esslöffel Olivenöl einrühren und den Senf, den Schnittlauch, die Schalotten und den Knoblauch zufügen.
- Mit Salz und Pfeffer würzen und alles gut vermengen.
- Die Spargelwürfel beifügen, mischen und beiseite stellen.

Anrichten

- Die Spargel-Tartarmasse in 4 Espressotassen verteilen und mit der Rückseite eines Esslöffels gut hineindrücken. Anschliessend den Inhalt in die Mitte eines flachen Tellers stürzen.
- Die Spargelspitzen sternförmig um das Tartar anrichten und die aufgerollten Rohschinkentranchen quer darüberlegen.
- Mit wenig Meersalz, zerstossenem Pfeffer und Olivenöl garnieren.

Garstufen Spargeln

mit Vorheizen – Auflage 1
6 Minuten 100 °C Dämpfen

Panierte Kalbsmilken mit grünen Spargeln und Sauce Tartare

Zutaten Kalbsmilken

600 g	Kalbsmilken, roh
1	Ei
100 g	Paniermehl
4 EL	Erdnussöl
20 g	Butter
	Salz

Zutaten Spargeln

800 g	grüne Spargeln, unten 2 cm abgeschnitten, unteres Drittel geschält
	Salz

Zutaten Sauce Tartare

1	Eigelb
1 TL	Senf
2 dl	Rapsöl
1	hartgekochtes Ei, gehackt
2	Essiggurken, gehackt
1	kleiner Bund glattblättrige Petersilie, grob gehackt
$^1/_2$	kleine Zwiebel, gehackt
	Salz und Pfeffer
	Zitronensaft

Zubereitung Kalbsmilken

- Die Kalbsmilken vor der Zubereitung ca. 3 Stunden wässern.
- Die Milken auf das Edelstahlblech legen und 12 Minuten bei 95 °C dämpfen.
- Aus dem Garraum nehmen, etwas auskühlen lassen und überschüssige Fett- und Gewebeteile wegschneiden.
- Inzwischen das Ei in einem Suppenteller aufschlagen.
- Die Milken in 1 cm dicke Tranchen schneiden, leicht salzen, ins aufgeschlagene Ei tauchen und im Paniermehl wälzen.
- Kurz vor dem Servieren das Erdnussöl und 20 g Butter in einer Bratpfanne auf dem Herd erhitzen und die Milken beidseitig knusprig braten.
- Vom Herd nehmen und beiseite stellen.

Zubereitung Spargeln

- Die Spargeln in den gelochten Garbehälter legen und beiseite stellen.
- Vor dem Servieren die Spargeln salzen und 6 Minuten bei 100 °C dämpfen.
- Aus dem Garraum nehmen und beiseite stellen.

Zubereitung Sauce Tartare

- Das Eigelb mit dem Senf und wenig Salz in eine Schüssel geben und mischen.
- Das Rapsöl langsam unter ständigem Rühren dazugiessen, sodass eine dicke Mayonnaise entsteht.
- Ei- und Gurkenwürfel, die Petersilie und die Zwiebel zufügen.
- Mit Zitronensaft, Salz und Pfeffer würzen und beiseite stellen.

Anrichten

- Die Spargeln auf 4 flachen Tellern anrichten.
- Die panierten Kalbsmilken-Stücke gleichmässig auf die Teller verteilen und mit einem Löffel eine Portion Sauce Tartare dazu anrichten.

Hinweis

- Die Kalbsmilken müssen ca. 3 Stunden vor der Zubereitung gewässert werden.

Garstufen Kalbsmilken

mit Vorheizen – Auflage 1
12 Minuten 95 °C Dämpfen

Garstufen Spargeln

mit Vorheizen – Auflage 1
6 Minuten 100 °C Dämpfen

Muscheln marinières

Zubereitung

- Die Miesmuscheln auf zwei Edelstahlbleche verteilen.
- Alle anderen Zutaten ausser der Butter darüber verteilen und mit 1 dl Weisswein pro Blech übergiessen.
- Beide Edelstahlbleche in den Garraum schieben und das Kochgut während 9 Minuten bei 100 °C dämpfen.
- Aus dem Garraum nehmen, in ein Abtropfsieb abschütten und den Muschelfond auffangen.
- Den Muschelfond in der Saucenpfanne auf dem Herd aufkochen und die Butter darunterschwingen.
- Vom Herd nehmen und beiseite stellen.

Anrichten

- Die Muscheln auf 4 Pastateller verteilen und den Saft mit dem Gemüse darübergiessen.
- Dazu Weissbrot anbieten.

Zutaten

1,6 kg	Miesmuscheln, roh, gewaschen
80 g	Lauch, in sehr feine Streifen geschnitten
60 g	Karotten, geschält, in sehr feine Streifen geschnitten
60 g	Knollensellerie, geschält, in sehr feine Streifen geschnitten
1	grosse Schalotte, fein gehackt
2	Knoblauchzehen, halbiert, Keimling entfernt, fein gehackt
2	grosse Tomaten, gewürfelt
2 dl	trockener Weisswein
120 g	Butter

Garstufen Muscheln

mit Vorheizen – Auflage 1
9 Minuten 100 °C Dämpfen

Spaghetti mit französischen Miesmuscheln

Zutaten Spaghetti

500 g	Spaghetti
	Salz

Zutaten Muschelsauce

600 g	Miesmuscheln
4	mittelgrosse Tomaten, gewürfelt
1	mittelgrosse Zwiebel, sehr fein gehackt
2	Knoblauchzehen, halbiert, Keimling entfernt, fein gehackt
1	kleiner Bund glattblättrige Petersilie, grob gehackt
12 EL	Olivenöl
	Salz und Pfeffer
6	Pfefferkörner, zerstossen
1 EL	Balsamico-Essig

Zubereitung Spaghetti

- Die Spaghetti in einem grossen Kochtopf auf dem Herd in reichlich kochendem Salzwasser al dente kochen.
- Vom Kochherd nehmen, abgiessen und beiseite stellen.

Zubereitung Muschelsauce

- Die Muscheln auf das Edelstahlblech legen und während 5 Minuten bei 100 °C dämpfen.
- Aus dem Garraum nehmen. Die Muscheln aus der Schale lösen und beiseite stellen.
- Den Muschelfond in einer Schüssel auffangen und ebenfalls beiseite stellen.
- 12 Esslöffel Olivenöl in einer Saucenpfanne auf dem Herd erhitzen. Die Zwiebel und den Knoblauch zugeben und während 4 bis 5 Minuten bei mittlerer Hitze leicht andünsten.
- Die Tomatenwürfel und die Pfefferkörner zugeben.
- Salzen und während 10 Minuten bei schwacher Hitze leicht köcheln lassen.
- Anschliessend die gehackte Petersilie und die ausgelösten Muscheln zufügen und nochmals leicht erhitzen.
- Falls die Sauce nicht flüssig genug ist, 2 Esslöffel Muschelfond zugeben.
- Am Schluss mit einem Esslöffel Balsamico-Essig parfümieren und mit Salz und Pfeffer würzen.

Anrichten

- Die Spaghetti auf 4 Pastateller verteilen.
- Die Muschelsauce darüber verteilen.

Garstufen Muscheln

mit Vorheizen – Auflage 1
5 Minuten 100 °C Dämpfen

Thon-Lasagne

Zutaten Füllung

3 EL	Olivenöl
1	kleine Zwiebel, gehackt
2	Knoblauchzehen, halbiert, Keimling entfernt, fein gehackt
70 g	getrocknete Tomaten, gewürfelt
300 g	Thon aus der Dose, abgetropft, zerstückelt
4 dl	Tomatensauce (Sugo)
1	Chilischote, zerkrümelt
	Salz und Pfeffer
	Olivenöl zum Bepinseln der Gratinform
3	frische weisse Lasagneblätter (ca. 24 x 12 cm)
3	frische grüne Lasagneblätter (ca. 24 x 12 cm)

Zutaten Béchamelsauce

35 g	Butter
35 g	Mehl
5 dl	Milch
	Muskatnuss
	Salz und Pfeffer
2 EL	Reibkäse, zum Bestreuen

Zubereitung Füllung

- Das Olivenöl in einem Kochtopf auf dem Herd erhitzen.
- Die Zwiebel und den Knoblauch zugeben und während 2 bis 3 Minuten gut andünsten.
- Den Thon und die getrockneten Tomatenwürfel zufügen und mitdünsten.
- Die Chilischote und die Tomatensauce zufügen und mit Salz und Pfeffer würzen.
- Während ca. 10 Minuten bei mittlerer Hitze unter gelegentlichem Rühren köcheln lassen, vom Herd nehmen und beiseite stellen.

Zubereitung Béchamelsauce

- Die Butter in der Saucenpfanne auf dem Herd zergehen lassen.
- Das Mehl zugeben und mit dem Schwingbesen gut verrühren.
- 5 dl Milch nach und nach unter ständigem Rühren zugiessen und etwa 10 Minuten leise köcheln lassen.
- Die Béchamelsauce mit Muskatnuss, Salz und Pfeffer würzen, vom Herd nehmen und beiseite stellen.

Einschichten

- Das erste Lasagneblatt in die mit Olivenöl bepinselte Gratinform legen.
- Einen Fünftel der Thonsauce darübergeben und gleichmässig darauf verteilen.
- 2 Esslöffel Béchamelsauce darübergeben.
- Ein zweites Lasagneblatt der anderen Farbe darüberlegen und mit derselben Menge Thon- und Béchamelsauce bedecken.
- Den Vorgang wiederholen, bis alles verwendet ist und ein Lasagneblatt zuoberst den Abschluss bildet.
- Den Gratin nun mit der restlichen Béchamelsauce bedecken und den Reibkäse darüberstreuen.
- Während 40 Minuten bei 200 °C Heissluft backen. Anschliessend während 8 Minuten bei 230 °C Heissluft gratinieren.

Anrichten

- Aus dem Garraum nehmen, 10 Minuten stehen lassen, vierteln und anschliessend auf 4 Pastateller verteilen.

Garstufen Lasagne

mit Vorheizen – Auflage 1

40 Minuten	200 °C Heissluft
8 Minuten	230 °C Heissluft

Pesto-Gemüse

Zutaten Pesto

50 g	Pinienkerne
30 g	Parmesan, gerieben
30 g	Basilikumblätter
1 dl	Olivenöl
	Salz und Pfeffer

Zutaten Gemüse

1	Broccoli, in kleine Röschen geschnitten
1	mittelgrosse Zucchetti, in Stäbchen geschnitten
1	mittelgrosse Karotte, geschält, in Stäbchen geschnitten
1	grosser Fenchel, Strunk entfernt, in Streifen geschnitten
1	grosser Kohlrabi, geschält, in Stäbchen geschnitten

Zutaten Garnitur

1	Brüsseler Salat, in einzelne Blätter zerlegt
1 dl	Olivenöl
	Salz und Pfeffer

Zubereitung Pesto

▷ Alle Zutaten für das Pesto in den Mörser geben und zerstossen.
▷ Mit Salz und Pfeffer würzen und beiseite stellen.

Zubereitung Gemüse

▷ Die Karotte und den Fenchel zusammen in einen ersten gelochten Garbehälter legen und während 12 Minuten bei 100 °C dämpfen.
▷ Die Broccoliröschen und den Kohlrabi in einem zweiten gelochten Garbehälter verteilen und nach 5 Minuten ebenfalls in den Garraum geben.
▷ Nach weiteren 4 Minuten die Zucchetti über den Broccoli und den Kohlrabi verteilen und während 3 Minuten fertig garen.
▷ Alle Gemüse aus dem Garraum nehmen, in ein Abtropfsieb abschütten und völlig abtropfen lassen.
▷ Das Olivenöl in einer Saucenpfanne auf dem Herd leicht erhitzen.
▷ Das Gemüse zugeben, mit Salz und Pfeffer würzen und gut mischen.
▷ Zum Schluss das Pesto darunterziehen, vom Herd nehmen und beiseite stellen.

Anrichten

▷ Die Brüsseler-Salat-Blätter auf 4 flache Teller verteilen.
▷ Das Pesto-Gemüse darauf anrichten.

Garstufen Karotte und Fenchel

mit Vorheizen – Auflage 1
12 Minuten 100 °C Dämpfen

Garstufen Broccoli und Kohlrabi

mit Vorheizen – Auflage 2
7 Minuten 100 °C Dämpfen

Garstufen Zucchetti

mit Vorheizen – Auflage 2
3 Minuten 100 °C Dämpfen

Grüne Spargeln mit frischen Nudeln und Morchel-Rahm-Sauce

Zutaten Spargeln

1 kg	grüne Spargeln, unten 2 cm abgeschnitten, unteres Drittel geschält
	Salz

Zutaten Nudeln

400 g	frische Nudeln
	Salz und Pfeffer
2 EL	Olivenöl

Zutaten Morchel-Rahm-Sauce

300 g	frische Morcheln, halbiert, sehr gut gewaschen (3- bis 4- mal, bis kein Sand mehr im Wasser zurückbleibt)
30 g	Butter
1 EL	Schalotten, fein gehackt
3 dl	Vollrahm
	Salz und Pfeffer

Zubereitung Morchel-Rahm-Sauce

- ▷ Die Butter in der Saucenpfanne auf dem Herd zergehen lassen.
- ▷ Die gewaschenen Morcheln und die Schalotten zugeben und während 4 bis 5 Minuten gut andünsten.
- ▷ In ein Abtropfsieb schütten, dabei den entstandenen Fond auffangen und zurück in die Pfanne geben.
- ▷ Auf dem Herd bei mittlerer Hitze sirupartig einkochen lassen.
- ▷ Den Rahm beifügen und während 3 Minuten unter gelegentlichem Rühren zu einer sämigen Sauce köcheln lassen.
- ▷ Die Morcheln zugeben, mit Salz und Pfeffer abschmecken und nochmals aufkochen lassen.
- ▷ Vom Herd nehmen und beiseite stellen.

Zubereitung Nudeln

- ▷ Die Nudeln in einem Kochtopf in viel kochendem Salzwasser auf dem Herd al dente kochen.
- ▷ Vom Herd nehmen, in ein Abtropfsieb schütten und mit viel kaltem Wasser abschrecken.
- ▷ Die Nudeln in einer Schüssel mit dem Olivenöl mischen und mit Salz und Pfeffer würzen.
- ▷ Die Nudeln mit der Fleischgabel zu 4 gleich grossen Nestchen formen, in den gelochten Garbehälter legen und beiseite stellen.

Zubereitung Spargeln

- ▷ Die Spargeln in den gelochten Garbehälter legen, salzen und während 6 Minuten bei 100 °C dämpfen.
- ▷ Aus dem Garraum nehmen und beiseite stellen.

Anrichten

- ▷ Die Nudeln 2 Minuten bei 130 °C regenerieren.
- ▷ Inzwischen die Spargeln links und rechts auf 4 flache Teller legen und mit der Morchel-Rahm-Sauce nappieren.
- ▷ Die Nudeln aus dem Garraum nehmen und in der Mitte der Teller anrichten.

Garstufen Spargeln

mit Vorheizen – Auflage 1
6 Minuten 100 °C Dämpfen

Garstufen Nudeln

mit Vorheizen – Auflage 1
2 Minuten 130 °C Regenerieren

Weisse Spargeln mit Brunnenkresse-Butter-Sauce

Zutaten Spargeln

1 kg	mittelgrosse weisse Spargeln, unten 2 cm abgeschnitten, über die ganze Länge grosszügig geschält
	Salz

Zutaten Brunnenkresse-Butter-Sauce

4 EL	Noilly Prat (trockener französischer Vermouth)
4 EL	Wasser
2	Eigelb
150 g	Butter, zimmerwarm
1 Bund	Brunnenkresse, Blätter gezupft, grob gehackt
	Salz und Pfeffer

Zutaten Garnitur

einige Brunnenkresseblätter

Zubereitung Brunnenkresse-Butter-Sauce

- ▷ Den Noilly Prat in der Saucenpfanne auf dem Herd sirupartig einkochen.
- ▷ Das Wasser beifügen und verrühren.
- ▷ Die Eigelbe zugeben und bei sehr schwacher Hitze mit dem Schwingbesen zu einem luftigen Sabayon schlagen.
- ▷ Anschliessend die zimmerwarme Butter ebenfalls bei schwacher Hitze flockig einrühren, sodass eine sämige Sauce entsteht.
- ▷ Mit Salz und Pfeffer würzen und vom Herd nehmen.
- ▷ Vor dem Anrichten die grob gehackten Brunnenkresseblätter untermischen und beiseite stellen.

Zubereitung Spargeln

- ▷ Die weissen Spargeln in dem gelochten Garbehälter verteilen, salzen und während 12 Minuten bei 95 °C dämpfen.
- ▷ Aus dem Garraum nehmen und beiseite stellen.

Anrichten

- ▷ Die Spargeln mit dem Metallspachtel auf 4 flache Teller verteilen.
- ▷ Mit der Brunnenkresse-Butter-Sauce nappieren und mit einigen Brunnenkresseblättern garnieren.

Garstufen Spargeln

mit Vorheizen – Auflage 1
12 Minuten 95 °C Dämpfen

Gratinierte Gemüse mit Nudel-Timbale

Zutaten Nudel-Timbale

600 g feine weisse Nudeln
4 EL Doppelrahm
2 Eigelb
Salz und Pfeffer
Butter zum Bepinseln der Dariols (Alu-Förmchen)

Zutaten Gemüse

1 kleiner Gemüselauch, in 1 cm lange Rondellen geschnitten
1 kleine Karotte, geschält, in 1 cm lange Rondellen geschnitten
1 kleine Zucchetti, in 1 cm lange Rondellen geschnitten
100 g Broccoli, in kleine Röschen geschnitten
100 g Romanesco, in kleine Röschen geschnitten
Salz

Zutaten Gratinmasse

2 dl Vollrahm
1 Eigelb
60 g Parmesan, gerieben
Salz und Pfeffer

Zutaten Sugo

1 Tomate, unten übers Kreuz eingeschnitten
1 Knoblauchzehe, halbiert, Keimling entfernt
2 EL Olivenöl
1 Schalotte, fein gehackt
Salz und Pfeffer

Zubereitung Nudel-Timbale

▷ Die feinen Nudeln in genügend Salzwasser im Kochtopf auf dem Herd al dente kochen und mit viel kaltem Wasser abschrecken.
▷ In ein Abtropfsieb abschütten und gut abtropfen lassen.
▷ In einer Schüssel mit dem Eigelb und dem Doppelrahm mischen.
▷ Mit Salz und Pfeffer würzen und in 4 mit Butter bepinselte Alu-Förmchen füllen.
▷ Auf das Edelstahlblech stellen und während 12 Minuten bei 100 °C dämpfen (Zeiten siehe Garstufen).
▷ Aus dem Garraum nehmen, die Timbalen mit einem kleinen Messer am Rand lösen, stürzen und beiseite stellen.

Zubereitung Gemüse

▷ Die geschnittenen Gemüse stufenweise nacheinander bei 100 °C dämpfen.
▷ Aus dem Garraum nehmen, auf Küchenpapier gut trocknen und beiseite stellen.

Zubereitung Gratinmasse

▷ Den Rahm in einer ersten Saucenpfanne auf dem Herd um die Hälfte einkochen lassen.
▷ Mit Salz und Pfeffer abschmecken, vom Herd nehmen und etwas auskühlen lassen.
▷ Mit dem Eigelb vermengen und beiseite stellen.

Zubereitung Sugo

▷ In einer zweiten Saucenpfanne auf dem Herd das Olivenöl erhitzen und darin die Knoblauchzehe mit der gehackten Schalotte andünsten.
▷ Die geschälte Tomate (sie lässt sich leicht schälen, nachdem man sie während einer Minute bei 100 °C gedämpft hat) halbieren, die Kerne von Hand ausdrücken, fein hacken.
▷ Zur Schalotte geben und bei schwacher Hitze zu einem Sugo einkochen lassen.
▷ Vom Herd nehmen und beiseite stellen.

Garstufen Nudel-Timbale

mit Vorheizen – Auflage 1
12 Minuten 100 °C Dämpfen

Garstufen Karotte

mit Vorheizen – Auflage 1
15 Minuten 100 °C Dämpfen

Garstufen Lauch und Zucchetti

mit Vorheizen – Auflage 2
8 Minuten 100 °C Dämpfen

Garstufen Broccoli und Romanesco

mit Vorheizen – Auflage 3
6 Minuten 100 °C Dämpfen

Garstufen Tomate

mit Vorheizen – Auflage 1
1 Minute 100 °C Dämpfen

Garstufen Gratinieren

mit Vorheizen – Auflage 1
6 Minuten 230 °C Heissluft

Anrichten

▷ Das Sugo in die Mitte von 4 flachen Tellern verteilen.
▷ Die Nudel-Timbalen daraufsetzen und das Gemüse rundum farbenfroh anrichten.
▷ Mit der Gratinmasse übergiessen und mit dem Parmesan bestreuen.
▷ Während 6 Minuten bei 230 °C Heissluft gratinieren.
▷ Aus dem Garraum nehmen und anrichten.

Butternut-Kürbisgemüse provençal mit Maccheroni und Kürbiskernöl-Vinaigrette

Zutaten Maccheroni

400 g	Maccheroni
	Salz

Zutaten Kürbiskernöl-Vinaigrette

4 EL	Kürbiskernöl
1 EL	Balsamico-Essig
1	kleine Schalotte, fein gehackt
1	kleiner Bund Schnittlauch, fein geschnitten
1	kleiner Bund glattblättrige Petersilie, grob gehackt

Zutaten Kürbisgemüse

800 g	Butternut-Kürbis, geschält, Kerngehäuse entfernt, fein gewürfelt
1 dl	Olivenöl
1	kleine Zwiebel, fein gehackt
100 g	Pelati (Dosentomaten)
4	Knoblauchzehen, halbiert, Keimling entfernt, gewürfelt
5	Salbeiblätter
1	kleiner Zweig Rosmarin
8	Pfefferkörner, zerstossen
2	Chilischoten, getrocknet, zerkrümelt
1	Lorbeerblatt
1	Gewürznelke
1 Prise	Oregano
1 Prise	Thymian
	Salz und Pfeffer

Zubereitung Maccheroni

- Die Maccheroni in einem Kochtopf auf dem Herd in reichlich Salzwasser al dente kochen.
- Vom Herd nehmen, durch ein Sieb abschütten und beiseite stellen.

Zubereitung Kürbiskernöl-Vinaigrette

- Alle Zutaten in eine Schüssel geben, gut mischen und beiseite stellen.

Zubereitung Kürbisgemüse

- 1 dl Olivenöl in einem Kochtopf auf dem Herd erhitzen.
- Die Zwiebel zugeben und leicht anziehen.
- Die Kürbiswürfel und den Knoblauch zufügen, mit Salz und Pfeffer würzen und während 2 bis 3 Minuten unter ständigem Umrühren anziehen.
- Anschliessend Gewürze, Kräuter und Tomaten zugeben und zugedeckt während 15 Minuten bei 180 °C Heissluft mit Beschwaden in den Garraum geben.
- Herausnehmen, die Maccheroni zugeben und gut mischen.
- Mit Salz und Pfeffer abschmecken und bereithalten.

Anrichten

- Das Kürbisgemüse und die Maccheroni auf 4 Pastateller verteilen.
- Die Kürbiskernöl-Vinaigrette mit einem Esslöffel darübergeben.

Garstufen Kürbisgemüse

mit Vorheizen – Auflage 1
15 Minuten 180 °C Heissluft mit Beschwaden

Kartoffel-Gnocchi mit Parmesan-Knoblauch-Sauce

Zutaten Kartoffel-Gnocchi

1,2 kg	mehlig kochende Kartoffeln (z. B. Sorte Ditta), geschält, grob gewürfelt
120 g	Mehl
2	Eigelb
	Muskat
	Salz und Pfeffer
	Mehl zum Ausrollen
	Hartweizengriess zum Panieren
	Butter zum Einfetten des Backpapiers

Zutaten Parmesan-Knoblauch-Sauce

2,5 dl	Rahm
4	Knoblauchzehen, halbiert, Keimling entfernt
120 g	Parmesan, gerieben
1 Bund	gattblättrige Petersilie, Blätter abgezupft und grob gehackt
	Salz und Pfeffer

Zubereitung Kartoffel-Gnocchi

▷ Die gewürfelten Kartoffeln auf das Edelstahlblech geben, salzen und während 45 Minuten bei 100 °C dämpfen.
▷ Herausnehmen, in ein Abtropfsieb abschütten und etwas verdampfen lassen.
▷ Durch ein Passevite in eine Schüssel passieren und 120 g Mehl daruntermengen.
▷ 2 Eigelb dazurühren und mit Muskat, Salz und Pfeffer gut abschmecken.
▷ Auf dem bemehlten Schneidbrett 1 cm dicke Rollen auswallen.
▷ Die Rollen in 2 cm lange Stücke teilen, diese über den Rücken einer Gabel abrollen und im Hartweizengriess wenden.
▷ Kühl stellen.

Zubereitung Parmesan-Knoblauch-Sauce

▷ Rahm in einer Saucenpfanne auf dem Herd aufkochen lassen.
▷ Leise köcheln lassen und Knoblauchzehen dazupressen.
▷ Geriebenen Parmesan mit dem Schwingbesen einrühren und nochmals kurz aufkochen lassen.
▷ Mit Salz und Pfeffer vorsichtig abschmecken, da der Parmesan sehr würzig ist.
▷ Vom Herd nehmen und beiseite stellen.

Anrichten

▷ Kartoffel-Gnocchi auf das mit gebuttertem Backpapier belegte Edelstahlblech legen und 3 Minuten bei 100 °C dämpfen.
▷ Herausnehmen und auf 4 Pastateller verteilen.
▷ Sauce darübergiessen und die grob gehackte Petersilie darüberstreuen.
▷ Achtung: Parmesan kocht am Schwingbesen an!

Garstufen Kartoffeln

mit Vorheizen – Auflage 1
45 Minuten 100 °C Dämpfen

Garstufen Gnocchi

mit Vorheizen – Auflage 1
3 Minuten 100 °C Dämpfen

Wurzelgemüse mit Koriander, Bramata-Polenta und Vinaigrette

Zutaten Wurzelgemüse

4 dl	Gemüsebouillon
200 g	Knollensellerie, geschält, in Würfel von 1 cm geschnitten
200 g	Karotten, geschält, in Würfel von 1 cm geschnitten
100 g	Pastinaken, geschält, in Würfel von 1 cm geschnitten
100 g	Petersilienwurzel, geschält, in Würfel von 1 cm geschnitten
100 g	Schwarzwurzel, geschält, in Würfel von 1 cm geschnitten
100 g	Bodenkohlrabi, geschält, in Würfel von 1 cm geschnitten
100 g	Zwiebeln, blättrig geschnitten
1	kleines Sträusschen Koriander, Blätter abgezupft

Zutaten Bramata-Polenta

2 EL	Olivenöl
1	kleine Zwiebel, fein gehackt
1	Knoblauchzehe, halbiert, Keimling entfernt, gehackt
6 dl	Milch
1	Lorbeerblatt
1	Gewürznelke
150 g	Bramata-Maisgriess
2 EL	Schlagrahm
	Salz und Pfeffer

Zutaten Vinaigrette

20 g	glattblättrige Petersilie, grob gehackt
15 g	Schnittlauch, fein geschnitten
8 g	Basilikum, in feine Streifen geschnitten
1	kleine Schalotte, fein gehackt
8 EL	Olivenöl
2 EL	Balsamico-Essig
	Salz und Pfeffer

Zubereitung Wurzelgemüse

▷ 4 dl Gemüsebouillon in einer Saucenpfanne auf dem Herd aufkochen.
▷ Alle Gemüse zugeben, nochmals aufkochen lassen und sofort in 2 Einmachgläser verteilen.
▷ Jeweils die Hälfte des Korianders zufügen und die Gläser sofort verschliessen.
▷ Die Gläser direkt auf den Garraumboden stellen und während 45 Minuten bei 100 °C dämpfen.
▷ Herausnehmen und beiseite stellen.

Zubereitung Bramata-Polenta

▷ 2 Esslöffel Olivenöl in der feuerfesten Glasschale auf dem Herd erhitzen.
▷ Die Zwiebel und die Knoblauchzehe zugeben und während 4 bis 5 Minuten andünsten.
▷ Mit der Milch auffüllen und aufkochen lassen.
▷ Lorbeerblatt, Gewürznelke und Maisgriess zufügen.
▷ Mit Salz und Pfeffer würzen und während 2 Minuten leicht köcheln lassen.
▷ Zugedeckt während 30 Minuten bei 180 °C Heissluft mit Beschwaden in den Garraum geben.
▷ Herausnehmen, mit einem Schwingbesen umrühren und den Schlagrahm darunterziehen, danach beiseite stellen.

Zubereitung Vinaigrette

▷ Alle Zutaten in eine Schüssel geben und miteinander vermengen.
▷ Mit Salz und Pfeffer würzen und beiseite stellen.

Anrichten

▷ Das Wurzelgemüse in 4 Suppenschalen verteilen und auf einen grossen Teller stellen.
▷ Mit dem Eisportionierer je eine Kugel Polenta auf das Gemüse legen.
▷ Die Vinaigrette in ein separates Schälchen füllen und dazustellen.

Garstufen Wurzelgemüse

mit Vorheizen – direkt auf dem Garraumboden
45 Minuten 100 °C Dämpfen

Garstufen Polenta

mit Vorheizen – Auflage 1
30 Minuten 180 °C Heissluft mit Beschwaden, Dampf EIN

Wurzelspinat-Rahm-Gemüse mit Spiegelei, brauner Butter und schwarzen Trüffeln

Zutaten Wurzelspinat-Rahmgemüse

800 g	Wurzelspinat
2,5 dl	Rahm
1 EL	Butter
100 g	rohe schwarze Trüffel
5 EL	Gemüsebouillon
	Salz und Pfeffer

Zutaten Spiegelei und braune Butter

1 EL	Erdnussöl
4	Eier
3 EL	Butter

Zubereitung Trüffeln

- ▷ Trüffeln mit einer Bürste sauber waschen.
- ▷ Trüffeln und 5 Esslöffel Gemüsebouillon in ein Einmachglas geben und 50 Minuten bei 100 °C dämpfen. (Die Trüffel verlangt diese lange Kochzeit, um ihre Aromen voll zu entwickeln!)
- ▷ Herausnehmen, in ein Abtropfsieb abschütten und den entstandenen Fond in einer Schüssel auffangen.
- ▷ Beiseite stellen.

Zubereitung Wurzelspinat-Rahm-Gemüse

- ▷ Wurzelspinat entstielen und gründlich waschen.
- ▷ In zwei gelochte Garbehälter verteilen und während 3 Minuten bei 100 °C dämpfen.
- ▷ Herausnehmen, mit kaltem Wasser abschrecken und mit den Händen gut ausdrücken.
- ▷ Auf einem Schneidbrett mit dem Gemüsemesser grob hacken.
- ▷ Wurzelspinat in Saucenpfanne auf dem Herd mit dem Rahm, der Butter und dem Trüffelfond vermengen.
- ▷ 2 bis 3 Minuten leise köcheln lassen und mit Salz und Pfeffer gut würzen.
- ▷ Vom Herd nehmen und beiseite stellen.

Zubereitung Spiegelei

- ▷ In der Bratpfanne auf dem Herd einen Esslöffel Erdnussöl und 4 Esslöffel Butter erhitzen.
- ▷ Die Eier aufschlagen und sorgsam in die Bratpfanne geben, sodass die Dotter ganz bleiben. Bei mittlerer Hitze ca. 5 Minuten braten.
- ▷ Vom Herd nehmen und beiseite stellen.

Zubereitung braune Butter

- ▷ Vor dem Servieren die braune Butter zubereiten.
- ▷ 3 Esslöffel Butter in der Bratpfanne auf dem Herd zergehen lassen und warten, bis sie braun wird und einen nussartigen Geruch annimmt.
- ▷ Vom Herd nehmen, durch das Küchenpapier passieren und beiseite stellen.

Anrichten

- ▷Wurzelspinat-Rahm-Gemüse auf 4 Pastateller verteilen und die Spiegeleier darübergeben.
- ▷Mit der braunen Butter beträufeln.
- ▷Trüffeln in sehr feine Scheiben schneiden und jeden Teller mit Trüffelscheiben garnieren.

Garstufen Trüffeln

mit Vorheizen – Auflage 1
50 Minuten 100 °C Dämpfen

Garstufen Wurzelspinat

mit Vorheizen – Auflage 1 und 2
3 Minuten 100 °C Dämpfen

Rotwein-Gemüse mit Spätzli-Timbale

Zutaten Rotwein-Gemüse

200 g	Knollensellerie, geschält, in Würfel von 1 cm geschnitten
300 g	Karotten, geschält, in Würfel von 1 cm geschnitten
100 g	Schwarzwurzeln, geschält, in Würfel von 1 cm geschnitten
100 g	Pastinaken, geschält, in Würfel von 1 cm geschnitten
100 g	Zwiebeln, geschält, fein geschnitten
2	Knoblauchzehen, halbiert, Keimling entfernt
3 dl	Rotwein
0,5 dl	Rotweinessig
1	Lorbeerblatt
1	Gewürznelke
1	kleiner Zweig Rosmarin
1	kleiner Zweig Thymian
2 EL	Erdnussöl zum Anrösten
	Salz und Pfeffer
100 g	Pelati-Tomaten, gehackt
3 dl	Gemüsebouillon
3 EL	Butter

Zutaten Spätzli-Timbale

1	Ei
4 EL	Milch
	Muskat
	Salz und Pfeffer
100 g	Weissmehl
1	kleiner Lauchstängel, in feine Streifen geschnitten
1 EL	Erdnussöl
10 g	Butter
	wenig Butter, zimmerwarm, zum Bepinseln der Timbaleförmchen

Zutaten Liaison

1	Eigelb
50 g	Doppelrahm

Vorbereitung

- ▷ 2 Tage vor der Zubereitung die Gemüsewürfel mit 3 dl Rotwein und 0,5 dl Rotweinessig marinieren.
- ▷ Die Gewürze zugeben und zugedeckt im Kühlschrank 2 Tage ziehen lassen.

Zubereitung Rotwein-Gemüse

- ▷ Das marinierte Gemüse in ein Abtropfsieb abschütten und die Marinade in einer Schüssel auffangen.
- ▷ In Bratpfanne auf dem Herd 2 Esslöffel Erdnussöl erhitzen.
- ▷ Gemüsewürfel zugeben und mit Salz und Pfeffer würzen.
- ▷ 10 Minuten bei mittlerer Hitze anrösten.
- ▷ Vom Herd nehmen und in eine feuerfeste Glasschale füllen.
- ▷ 100 g Pelati-Tomaten in Bratpfanne auf dem Kochherd bei starker Hitze karamellisieren lassen und mit der Marinade ablöschen.
- ▷ Sauce sirupartig einkochen.
- ▷ 3 dl Gemüsebouillon zufügen, aufkochen lassen und vom Herd nehmen.
- ▷ Über das Gemüse giessen und zugedeckt während 45 Minuten bei 180 °C Heissluft mit Beschwaden in den Garraum geben.
- ▷ Herausnehmen, 3 Esslöffel Butter darunterziehen und beiseite stellen.

Zubereitung Spätzli-Timbale

- ▷ Ein Ei und 4 Esslöffel Milch in eine Schüssel geben, mit Muskat, Salz und Pfeffer würzen und verrühren.
- ▷ 100 g Mehl dazustürzen und schlagen, bis der Teig Blasen wirft.
- ▷ Im Kochtopf auf dem Herd genügend Salzwasser aufkochen und den Teig durch das Spätzlisieb in das kochende Wasser drücken. Aufkochen lassen und 2 Minuten bei schwacher Hitze ziehen lassen.
- ▷ Vom Herd nehmen, in ein Abtropfsieb abschütten und beiseite stellen.
- ▷ Lauchstreifen auf dem Edelstahlblech ausbreiten und 6 Minuten bei 100 °C dämpfen.
- ▷ Herausnehmen, zum Abtropfen auf das Küchenpapier legen und beiseite stellen.
- ▷ Für die Liaison das Eigelb und den Doppelrahm in eine Schüssel geben, gut mischen und beiseite stellen.
- ▷ In der Bratpfanne auf dem Herd einen Esslöffel Erdnussöl erhitzen und 10 g Butter darin zergehen lassen.
- ▷ Spätzli beifügen, mit Salz und Pfeffer würzen und kurz anbraten.
- ▷ Vom Herd nehmen, durch ein Sieb abschütten und zur Liaison in die Schüssel geben.

▷ Lauchstreifen ebenfalls zugeben, alles vermischen und in 4 gebutterte und mit Backpapierrondellen ausgelegte Timbaleförmchen verteilen.
▷ Gut andrücken und während 15 Minuten bei 100 °C dämpfen.
▷ Herausnehmen und kurz stehen lassen.
▷ Die Masse mit einem Messer vorsichtig vom Rand lösen und die Timbaleförmchen auf ein Brett stürzen.
▷ Die Timbalen beiseite stellen.

Anrichten

▷ Rotwein-Gemüse auf 4 Pastateller verteilen und in der Mitte die Spätzli-Timbalen darauf anrichten.

Garstufen Rotwein-Gemüse

mit Vorheizen – Auflage 1

45 Minuten	180 °C Heissluft mit Beschwaden, Dampf EIN

Garstufen Lauch

mit Vorheizen – Auflage 1

6 Minuten	100 °C Dämpfen

Garstufen Spätzli-Timbale

mit Vorheizen – Auflage 1

15 Minuten	100 °C Dämpfen

Kartoffel-Randen-Rösti mit Sauerkraut und Senf-Vinaigrette

Zutaten Rösti

500 g	Kartoffeln, z. B. Nicola, gewaschen
100 g	Randen, roh, geschält, in feine Streifen geschnitten
300 g	Sauerkraut, roh
2 EL	Rollgerste, roh
100 g	Lollosalat
4 EL	Erdnussöl
40 g	Butter
	Salz und Pfeffer

Zutaten Senf-Vinaigrette

50 g	Senf, grobkörnig
8 EL	Olivenöl
2 EL	Balsamico-Essig
2 EL	Schnittlauch, fein geschnitten
1 EL	Schalotten, fein gehackt
	Salz und Pfeffer

Vorbereitung

- ▷ Am Vortag die Kartoffeln auf dem Edelstahlblech verteilen und während 10 Minuten bei 100 °C dämpfen.
- ▷ Herausnehmen, auskühlen lassen und beiseite stellen.
- ▷ 4 bis 5 Stunden vor der Zubereitung die Rollgerste in genügend kaltem Wasser einweichen.

Zubereitung Rösti

- ▷ Die Randenstreifen auf dem ersten Edelstahlblech ausbreiten und während 12 Minuten bei 100 °C dämpfen.
- ▷ Gleichzeitig das Sauerkraut auf einem zweiten Edelstahlblech verteilen und während 30 Minuten bei 100 °C dämpfen.
- ▷ Die Randenstreifen herausnehmen und auf ein Stück Haushaltspapier legen.
- ▷ Mit einem zweiten Stück Haushaltspapier trocken tupfen und beiseite stellen.
- ▷ Das Sauerkraut herausnehmen, leicht auskühlen lassen und fein hacken.
- ▷ Die eingeweichte Rollgerste durch ein Sieb abschütten und gut abtropfen lassen.
- ▷ Danach im Kochtopf in genügend Salzwasser 15 Minuten kochen und durch ein Sieb abschütten.
- ▷ Die Rollgerste mit dem gehackten Sauerkraut mischen und zurück auf das Edelstahlblech geben.
- ▷ Vor dem Anrichten nochmals kurz erwärmen.
- ▷ Die vorgegarten Kartoffeln schälen und grob raffeln.
- ▷ Mit Salz und Pfeffer würzen und mit den Randenstreifen mischen.
- ▷ In einer Bratpfanne auf dem Kochherd 2 Esslöffel Erdnussöl erhitzen und darin 20 g Butter zergehen lassen.
- ▷ Die Hälfte der Kartoffeln mit den Randenstreifen hineingeben und mit einem Metallspachtel eine runde Form geben.
- ▷ Die Rösti bei mittlerer Hitze während ca. 3 Minuten pro Seite goldgelb anbraten.
- ▷ Vom Herd nehmen und auf das mit Backpapier belegte Edelstahlblech legen.
- ▷ Aus den restlichen Kartoffeln und Randenstreifen eine zweite Rösti machen und ebenfalls auf das Edelstahlblech legen.
- ▷ Anschliessend während 10 Minuten bei 230 °C Heissluft fertig backen.
- ▷ Herausnehmen und beiseite stellen.

Garstufen Kartoffeln

mit Vorheizen – Auflage 1
10 Minuten 100 °C Dämpfen

Garstufen Randen

mit Vorheizen – Auflage 2
12 Minuten 100 °C Dämpfen

Garstufen Sauerkraut

mit Vorheizen – Auflage 1
30 Minuten 100 °C Dämpfen

Garstufen Rösti

mit Vorheizen – Auflage 1
10 Minuten 230 °C Heissluft

Zubereitung Senf-Vinaigrette

▷ Alle Zutaten in eine Schüssel geben und gut mischen.
▷ Mit Salz und Pfeffer würzen und beiseite stellen.

Anrichten

▷ Die beiden Röstiportionen mit einem Messer vierteln.
▷ Pro Teller 3 Stück mit den spitzen Enden zur Mitte anrichten.
▷ Das Sauerkraut in 12 Portionen teilen und jeweils eine Portion zwischen die Röstistücke legen.
▷ Die Senf-Vinaigrette über das Sauerkraut geben und in die Mitte jedes Tellers eine Rose aus Lollosalat (eingerollt) legen.

Sauerkraut mit Rösti, Spiegelei und Rotwein-Butter-Sauce

Vorbereitung Kartoffeln

▷ Am Vortag die Kartoffeln auf dem Edelstahlblech verteilen und während 10 Minuten bei 100 °C dämpfen.
▷ Herausnehmen, auskühlen lassen und beiseite stellen.

Vorbereitung Rotwein-Butter-Sauce

▷ Die Butter aus dem Kühlschrank nehmen. Sie wird zimmerwarm verwendet.

Zubereitung Rösti

▷ Das Sauerkraut auf das Edelstahlblech geben und während 30 Minuten bei 100 °C dämpfen.
▷ Herausnehmen und beiseite stellen.
▷ Die vorgegarten Kartoffeln schälen, raffeln und mit Salz und Pfeffer würzen.
▷ In einer Bratpfanne auf dem Herd 2 Esslöffel Erdnussöl erhitzen und darin 10 g Butter zergehen lassen.
▷ Die geraffelten Kartoffeln in 4 gleichgrosse Mengen aufteilen und vom ersten Viertel die erste Hälfte in die Bratpfanne geben.
▷ Ein Viertel vom Sauerkraut darauf verteilen und mit der zweiten Hälfte Kartoffeln bedecken.
▷ Die Rösti mit Hilfe eines Metallspachtels kreisrund formen und bei mittlerer Hitze während ca. 3 Minuten pro Seite goldgelb anbraten.
▷ Vom Herd nehmen und die Rösti auf das mit Backpapier belegte Edelstahlblech legen.
▷ Noch 3 weitere Röstiportionen auf dieselbe Weise vorbereiten und auf 2 Edelstahlbleche verteilen.
▷ Während 15 Minuten bei 230 °C Heissluft backen.
▷ Herausnehmen und beiseite stellen.

Zubereitung Spiegelei

▷ In einer Bratpfanne auf dem Herd 40 g Butter zergehen lassen.
▷ 4 Eier hineingeben, darauf achten, dass die Dotter intakt bleiben, und bei mittlerer Hitze während ca. 5 Minuten braten.
▷ Vom Herd nehmen und beiseite stellen.

Zutaten Rösti

1 kg	Kartoffeln, z. B. Nicola, gewaschen
300 g	Sauerkraut, roh
	Salz und Pfeffer
8 EL	Erdnussöl
40 g	Butter

Zutaten Spiegeleier

4	Eier
40 g	Butter

Zutaten Rotwein-Butter-Sauce

1 dl	Rotwein
80 g	Butter
	Salz und Pfeffer

Zubereitung Rotwein-Butter-Sauce

- 1 dl Rotwein in einer Saucenpfanne auf dem Herd reduzieren, bis eine sirupartige Flüssigkeit entsteht.
- 80 g Butter (zimmerwarm) unter ständigem Rühren bei mittlerer Hitze stückweise zugeben.
- Mit Salz und Pfeffer würzen und beiseite stellen.
- Die Rotwein-Butter-Sauce sollte erst unmittelbar vor dem Anrichten zubereitet werden.

Anrichten

- Die Röstiportionen auf 4 flache Teller verteilen.
- Die Spiegeleier in der Mitte anrichten und die Rösti rundum mit Rotwein-Butter-Sauce nappieren.

Hinweis

- Dieses Rezept eignet sich hervorragend zum Vorbereiten.
- Die Röstiportionen können nach dem Anbraten problemlos auf den Edelstahlblechen beiseite gestellt werden.

Garstufen Kartoffeln

mit Vorheizen – Auflage 1
10 Minuten 100 °C Dämpfen

Garstufen Sauerkraut

mit Vorheizen – Auflage 1
30 Minuten 100 °C Dämpfen

Garstufen Rösti

mit Vorheizen – Auflage 1 und Auflage 3
15 Minuten 230 °C Heissluft

Rotkrautsalat mit Bramata-Polenta und glasierten Marroni

Zutaten Rotkrautsalat

800 g	Rotkraut, Strunk entfernt, in feine Streifen geschnitten
4 EL	Weissweinessig
8 EL	Erdnussöl
2	kleine Schalotten, fein gehackt
	Salz und Pfeffer

Zutaten Bramata-Polenta

2 EL	Olivenöl
1	kleine Zwiebel, fein gehackt
1	Knoblauchzehe, halbiert, Keimling entfernt, gehackt
6 dl	Milch
1	Lorbeerblatt
1	Gewürznelke
150 g	Bramata-Maisgriess
	Salz und Pfeffer

Zutaten Marroni

50 g	Butter
30 g	Zucker
20	Marroni, roh, geschält
2 EL	Wasser

Zubereitung Bramata-Polenta

▷ 2 Esslöffel Olivenöl in einer feuerfesten Glasschale auf dem Herd erhitzen.
▷ Zwiebeln und Knoblauchzehe zugeben und während 4 bis 5 Minuten andünsten.
▷ Mit der Milch auffüllen und aufkochen lassen.
▷ Lorbeerblatt, Gewürznelke und Bramata-Maisgriess zufügen.
▷ Mit Salz und Pfeffer würzen und während 2 Minuten leicht köcheln lassen.
▷ Zugedeckt während 30 Minuten bei 180 °C Heissluft mit Beschwaden in den Garraum geben.
▷ Herausnehmen und bereithalten.

Zubereitung Rotkrautsalat

▷ Das Rotkraut mit 4 Esslöffeln Weissweinessig in eine Schüssel geben.
▷ 8 Esslöffel Erdnussöl in der Bratpfanne auf dem Herd erhitzen, die Schalotten beifügen und einige Minuten bei mittlerer Hitze andünsten.
▷ Vom Herd nehmen, zum Rotkraut geben und etwas auskühlen lassen.
▷ Das Rotkraut mit den Händen kräftig durchkneten, bis es weich ist.
▷ Mit Salz und Pfeffer würzen und bereithalten.

Zubereitung Marroni

▷ 50 g Butter in der Saucenpfanne auf dem Herd zergehen lassen.
▷ 30 g Zucker zugeben und karamellisieren.
▷ Die Marroni zufügen und während 8 Minuten bei mittlerer Hitze glasieren.
▷ Mit 2 Esslöffeln Wasser ablöschen und 2 Minuten einkochen lassen, bis eine melasseähnliche Sauce entsteht.
▷ Vom Herd nehmen und beiseite stellen.

Anrichten

▷ Den Rotkrautsalat in der Mitte 4 Suppentellern verteilen.
▷ Mit einem Eisportionierer 1 Kugel Polenta pro Teller auf dem Salat anrichten und pro Teller 5 Marroni rundherum legen.

Garstufen Bramata-Polenta

mit Vorheizen – Auflage 1

30 Minuten	180 °C Heissluft mit Beschwaden, Dampf EIN

Gedämpfte Zugersee-Eglifilets mit Kartoffelstock und Tomaten-Kräuter-Vinaigrette

Zutaten Kartoffelstock

600 g	mehlig kochende Kartoffeln, geschält
30 g	Butter
1 dl	Milch, heiss
	Muskatnuss, Salz und Pfeffer

Zutaten Vinaigrette

20 g	glattblättrige Petersilie, grob gehackt
15 g	Schnittlauch, fein geschnitten
8 g	Basilikum, in feine Streifen geschnitten
1	kleine Schalotte, geschält, fein gehackt
1	mittelgrosse Tomate, Kerngehäuse entfernt, fein gewürfelt
8 EL	Olivenöl
2 EL	Balsamico-Essig
	Salz und Pfeffer

Zutaten Eglifilets

800 g	Eglifilets
	Salz und Pfeffer

Garnitur

4	Blätter glatte Petersilie

Zubereitung Kartoffelstock

- ▷ Die geschälten Kartoffeln in grosse, gleichmässige Würfel schneiden und auf das Edelstahlblech legen.
- ▷ Leicht salzen und während ca. 40 Minuten bei 100 °C dämpfen.
- ▷ Aus dem Garraum nehmen und durch ein Abtropfsieb abgiessen. Durch das Passevite in einen Kochtopf passieren.
- ▷ Auf dem Herd bei mittlerer Hitze mit der heissen Milch und der Butter mischen.
- ▷ Mit wenig Muskatnuss, Salz und Pfeffer abschmecken und gut umrühren.
- ▷ Vom Herd nehmen und beiseite stellen.

Zubereitung Vinaigrette

- ▷ Alle festen Zutaten in eine Schüssel geben und mischen.
- ▷ 8 Esslöffel Olivenöl und 2 Esslöffel Balsamico-Essig zugeben und mit Salz und Pfeffer würzen.
- ▷ Umrühren und beiseite stellen.
- ▷ Da die Tomate Saft zieht, vor dem Anrichten nochmals umrühren.

Zubereitung Eglifilets

- ▷ Die Gräten mit einem scharfen Messer aus den Fischfilets entfernen.
- ▷ Die Filets auf die Edelstahlbleche legen (es braucht 2 Bleche), salzen und pfeffern.
- ▷ Die beiden Bleche zusammen während 3 Minuten bei 90 °C dämpfen.
- ▷ Aus dem Garraum nehmen und sofort anrichten.

Anrichten

- ▷ Mit dem Eisportionierer 5 Kugeln Kartoffelstock auf einen flachen Teller geben.
- ▷ Die Eglifilets mit dem Metallspachtel vorsichtig rund um den Kartoffelstock anrichten.
- ▷ Die Vinaigrette mit einem Esslöffel darüberträufeln und mit Petersilie garnieren.

Garstufen Kartoffelstock

mit Vorheizen – Auflage 1
ca. 40 Minuten 100 °C Dämpfen

Garstufen Eglifilets

mit Vorheizen – Auflage 1
3 Minuten 90 °C Dämpfen

Felchenfilets mit Pilaw-Reis und Kräutersauce

Zutaten Pilaw-Reis

300 g Siam-Patna-Reis
50 g Zwiebeln, fein gehackt
3 dl Wasser
Salz und Pfeffer
2 EL Erdnussöl

Zutaten Kräutersauce

0,5 dl Noilly Prat (trockener französischer Vermouth)
1 EL Schalotten, fein gehackt
1 EL Schnittlauch, fein geschnitten
1 EL glattblättrige Petersilie, grob gehackt
1 EL Basilikum, in feine Streifen geschnitten
1 EL Kerbel, Blättchen von den Stielen gezupft
2 dl Rahm
50 g Butter
Salz und Pfeffer

Zutaten Felchenfilets

600 g Felchenfilets, in 16 Stücke geschnitten
Salz und Pfeffer

Zubereitung Pilaw-Reis

▷ 2 Esslöffel Erdnussöl in einem Kochtopf auf dem Herd erhitzen.
▷ Die Zwiebeln zugeben und andünsten.
▷ Den Reis zufügen und unter ständigem Rühren andünsten, bis er glasig wird.
▷ Mit 3 dl Wasser ablöschen und mit Salz und Pfeffer würzen.
▷ Aufkochen, vom Herd nehmen und mit einem Gummi- oder Silikonspachtel den Kochtopfrand säubern (um das Anbrennen von dort verbliebenen Reiskörnern zu verhindern).
▷ Zugedeckt auf einem Backgitter während 20 Minuten bei 200 °C Heissluft mit Beschwaden in den Garraum geben.
▷ Herausnehmen und beiseite stellen.

Zubereitung Kräutersauce

▷ 0,5 dl Noilly Prat in einer Saucenpfanne auf dem Herd reduzieren, bis eine sirupartige Flüssigkeit entsteht.
▷ Unter ständigem Rühren zuerst den Rahm, dann die Butter zugeben.
▷ Mit Salz und Pfeffer würzen sowie Schalotten und Kräuter zufügen.
▷ Kurz aufkochen lassen, vom Herd nehmen und beiseite stellen.

Zubereitung Felchenfilets

▷ Die Felchenfilets auf das Edelstahlblech legen und mit Salz und Pfeffer würzen.
▷ Während 3 Minuten bei 90 °C dämpfen.
▷ Aus dem Garraum nehmen und beiseite stellen.

Anrichten

▷ Den Reis in der Mitte von 4 flachen Tellern anrichten.
▷ Pro Teller je 4 Felchenfilets um den Reis anrichten und mit der Kräutersauce nappieren.

Garstufen Pilaw-Reis

mit Vorheizen – Auflage 1

20 Minuten	200 °C Heissluft mit Beschwaden, Dampf EIN

Garstufen Felchenfilets

mit Vorheizen – Auflage 1

3 Minuten	90 °C Dämpfen

Hechtterrine mit grünen Spargeln und Tomaten-Butter-Sauce

Zutaten Hechtterrine

200 g	Hechtfilet, entgrätet, in kleine Stücke geschnitten
1,75 dl	Vollrahm
1	Ei
1	kleine Karotte, geschält, in kleine Stücke geschnitten
1	kleiner Broccoli, in kleine Röschen zerteilt
1	kleiner Bund Schnittlauch, fein geschnitten
	Salz und Pfeffer

Zutaten Spargeln

8	grosse grüne Spargeln, unten 2 cm abgeschnitten, unteres Drittel geschält
	Salz

Zutaten Tomaten-Butter-Sauce

1	grosse Fleischtomate, Stielansatz entfernt
80 g	Butter, zimmerwarm
	Salz Pfeffer
1	kleiner Bund Basilikum, Blätter in feine Streifen geschnitten
	Butter zum Bepinseln der Terrinenform

Zubereitung Hechtterrine

- ▷ Die Karottenstücke in den gelochten Garbehälter legen, mit Salz und Pfeffer würzen und 2 Minuten bei 100 °C dämpfen.
- ▷ Den gelochten Garbehälter aus dem Garraum nehmen und die Broccoliröschen über die Karotten verteilen.
- ▷ Nochmals leicht salzen und pfeffern und weitere 3 Minuten bei 100 °C fertig garen.
- ▷ Aus dem Garraum nehmen und beiseite stellen.
- ▷ Die Hechtfiletstücke mit dem Rahm in den Cutter geben und zu einer feinen, homogenen Masse verarbeiten.
- ▷ Die Masse in die Schüssel geben und mit dem Ei, der Karotte, dem Broccoli und dem Schnittlauch vermengen und mit Salz und Pfeffer würzen.
- ▷ Die Masse in eine gebutterte Terrinenform füllen und 25 Minuten bei 95 °C auf dem Gitterrost dämpfen.
- ▷ Aus dem Garraum nehmen und beiseite stellen.

Zubereitung Tomaten-Butter-Sauce

- ▷ Die Tomate auf der unteren Seite kreuzweise einschneiden, auf das Edelstahlblech legen und während anderthalb Minuten bei 100 °C dämpfen.
- ▷ Aus dem Garraum nehmen und enthäuten. Quer halbieren und die Kerne von Hand herausdrücken.
- ▷ Das Fruchtfleisch mit einem scharfen Messer sehr fein hacken und in die Saucenpfanne geben.
- ▷ Die Tomatenstücke auf dem Herd dickflüssig einköcheln lassen.
- ▷ Die Butter flockenweise einrühren, sodass eine sämige Tomatensauce entsteht.
- ▷ Mit Salz und Pfeffer würzen, vom Herd nehmen und beiseite stellen.

Zubereitung Spargeln

- ▷ Die Spargeln in den gelochten Garbehälter legen, salzen und während 8 Minuten bei 100 °C dämpfen.
- ▷ Aus dem Garraum nehmen und die Spargelspitzen auf eine Länge von 8 cm kürzen.
- ▷ Den Rest in kleine Würfel schneiden und beiseite stellen.

Garstufen Karotte

mit Vorheizen – Auflage 1
5 Minuten 100 °C Dämpfen

Garstufen Broccoli

mit Vorheizen – Auflage 1
3 Minuten 100 °C Dämpfen

Garstufen Hechtterrine

mit Vorheizen – Auflage 1
25 Minuten 95 °C Dämpfen

Garstufen Tomate

mit Vorheizen – Auflage 1
1 $^{1}/_{2}$ Minuten 100 °C Dämpfen

Garstufen Spargeln

mit Vorheizen – Auflage 1
8 Minuten 100 °C Dämpfen

Anrichten

- Die Tomatensauce in die Mitte von 4 flachen Tellern verteilen.
- Rechts und links eine Spargelspitze platzieren und die Spargelwürfel diagonal über die Sauce streuen.
- Die gestürzte Hechtterrine in 4 Tranchen schneiden und auf die Spargelwürfel legen. Mit Basilikumstreifen garnieren.

Zugersee-Hechtfilets mit Nudeln und Bärlauchsauce

Zutaten Hechtfilets

600 g	Hechtfilets, in 2 cm breite Streifen geschnitten
	Salz und Pfeffer

Zutaten Nudeln

300 g	frische Nudeln
2 EL	Olivenöl
	Salz und Pfeffer

Zutaten Bärlauchsauce

0,5 dl	trockener Weisswein
2 dl	Vollrahm
50 g	Butter, zimmerwarm
1	Bund Bärlauch
	Salz und Pfeffer

Zutaten Garnitur

2	Bärlauchblätter, in feine Streifen geschnitten

Zubereitung Bärlauchsauce

▷ Den Bärlauch mit der Butter in den Mörser geben und sorgfältig zu einer feinen Paste verarbeiten.
▷ Den trockenen Weisswein in eine Saucenpfanne geben und auf dem Herd sirupartig einkochen lassen.
▷ Den Rahm beifügen und aufkochen.
▷ Anschliessend die Bärlauchpaste zugeben und alles zu einer sämigen Sauce verarbeiten.
▷ Mit Salz und Pfeffer würzen, vom Herd nehmen und beiseite stellen.

Zubereitung Nudeln

▷ Die Nudeln in genügend Salzwasser im Kochtopf auf dem Herd al dente kochen.
▷ Vom Herd nehmen, in ein Abtropfsieb abschütten und mit viel kaltem Wasser abschrecken.
▷ In der Schüssel mit 2 Esslöffeln Olivenöl mischen und mit Salz und Pfeffer würzen.
▷ Nun die Nudeln mit der Fleischgabel zu 4 gleich grossen Nestchen formen, in den gelochten Garbehälter legen und beiseite stellen.

Zubereitung Hechtfilets

▷ Die Hechtfiletstreifen auf einem Edelstahlblech verteilen.
▷ Salzen, pfeffern und während 5 Minuten bei 95 °C dämpfen.
▷ Aus dem Garraum nehmen und die kleinen Gräten mit der Haushaltpinzette herauszupfen und beiseite stellen.

Anrichten

▷ Die Nudeln während 2 Minuten bei 130 °C regenerieren.
▷ Aus dem Garraum nehmen und beiseite stellen.
▷ Die Bärlauchsauce in die Mitte von 4 flachen Tellern verteilen. Die Nudelnestchen daraufsetzen und die Hechtfiletstreifen rundum anrichten.
▷ Mit Bärlauchstreifen garnieren.

Garstufen Hechtfilets

mit Vorheizen – Auflage 1
5 Minuten 95 °C Dämpfen

Garstufen Nudeln

mit Vorheizen – Auflage 1
2 Minuten 130 °C Regenerieren

Gedämpfte Zanderfilets mit Salzkartoffeln und Brüsseler-Sauce

Zutaten Salzkartoffeln

500 g	kleine Kartoffeln (Nicola), geschält, halbiert
	Salz

Zutaten Zanderfilets

600 g	Zanderfilets, 4 Stück
	Salz und Pfeffer

Zutaten Brüsseler-Sauce

300 g	Brüsseler, längs geachtelt, Strunk entfernt, blättrig geschnitten
0,5 dl	Noilly Prat (trockener französischer Vermouth)
1 dl	Rahm
50 g	Butter
	Salz und Pfeffer

Zutaten Garnitur

etwas gehackter Kerbel

Vorbereitung

▷ Um dem Brüsseler die Bitterstoffe etwas zu entziehen, wird er kurz vor der Zubereitung während 10 Minuten in heisses Wasser eingelegt.
▷ Anschliessend durch ein Sieb abgiessen und mit kaltem Wasser abspülen.
▷ Gut abtropfen lassen.

Zubereitung Brüsseler-Sauce

▷ Den Brüsseler auf dem Edelstahlblech verteilen und mit Salz und Pfeffer würzen.
▷ Während 15 Minuten bei 100 °C dämpfen.
▷ Aus dem Garraum nehmen, durch ein Sieb abschütten und beiseite stellen.
▷ In einer Saucenpfanne auf dem Herd 0,5 dl Noilly Prat reduzieren, bis eine sirupartige Flüssigkeit entsteht.
▷ 1 dl Rahm zugeben und 50 g Butter unter ständigem Rühren zufügen.
▷ Den Brüsseler zugeben und mit Salz und Pfeffer würzen.
▷ Vom Herd nehmen und beiseite stellen.

Zubereitung Salzkartoffeln

▷ Die halbierten Kartoffeln in den gelochten Garbehälter legen und salzen.
▷ Während 45 Minuten bei 100 °C dämpfen.
▷ Aus dem Garraum nehmen und beiseite stellen.

Zubereitung Zanderfilets

▷ Die Zanderfilets in den gelochten Garbehälter legen und mit Salz und Pfeffer würzen.
▷ Während 4 Minuten bei 85 °C dämpfen.
▷ Aus dem Garraum nehmen und beiseite stellen.

Anrichten

▷ Die Brüsseler-Sauce in die Mitte von 4 Pastatellern verteilen.
▷ Die Salzkartoffeln rundherum anrichten.
▷ Die Zanderfilets mit einem Metallspachtel auf die Sauce legen.
▷ Mit gehacktem Kerbel garnieren.

Garstufen Salzkartoffeln

mit Vorheizen – Auflage 1
45 Minuten 100 °C Dämpfen

Garstufen Zanderfilets

mit Vorheizen – Auflage 1
4 Minuten 85 °C Dämpfen

Garstufen Brüsselersauce

mit Vorheizen – Auflage 2
15 Minuten 100 °C Dämpfen

Seeteufel auf Tomaten-Carpaccio mit grünen Spargeln

Zutaten Seeteufel

600 g	Seeteufel-Rückenfilets, in 24 Stücke geschnitten
	Salz und Pfeffer

Zutaten Spargeln

10	mittelgrosse grüne Spargeln, unten 2 cm abgeschnitten, unteres Drittel geschält
	Salz

Zutaten Tomaten-Carpaccio

8	mittelgrosse Tomaten
12 EL	Olivenöl
4 EL	Balsamico-Essig
1	Bund Basilikumblätter, in feine Streifen geschnitten
	Meersalz
	Pfeffer aus der Mühle

Zubereitung Spargeln

- ▷ Die Spargeln in den gelochten Garbehälter legen, salzen und 6 Minuten bei 100 °C dämpfen.
- ▷ Aus dem Garraum nehmen und mit viel kaltem Wasser abschrecken.
- ▷ Die Spargelspitzen auf eine Länge von 15 cm kürzen, längs halbieren und beiseite stellen.
- ▷ Den Rest der Spargeln längs vierteln, fein würfeln und ebenfalls beiseite stellen.

Zubereitung Tomaten-Carpaccio

- ▷ Auf 4 flache Teller je einen Esslöffel Olivenöl, einen halben Esslöffel Balsamico-Essig, eine Prise Meersalz und etwas Pfeffer aus der Mühle geben und mit einem Küchenpinsel den Teller bedecken.
- ▷ Die Tomaten mit einem sehr scharfen Messer im möglichst dünne Scheiben schneiden und je 2 fächerförmig darauf anrichten.
- ▷ Mit Meersalz und Pfeffer aus der Mühle bestreuen und die Spargelwürfel darüber verteilen.
- ▷ Mit dem restlichen Olivenöl und dem Balsamico-Essig beträufeln und die Spargelspitzen sternförmig mit den Köpfen nach aussen auf die Tomaten legen und beiseite stellen.

Zubereitung Seeteufel

- ▷ Die Seeteufelfilets mit Salz und Pfeffer würzen und auf dem Edelstahlblech während 4 $^{1}/_{2}$ Minuten bei 100 °C dämpfen.
- ▷ Aus dem Garraum nehmen und beiseite stellen.

Anrichten

- ▷ Pro Teller ein Fischstück in der Mitte anrichten und die restlichen Stücke zwischen den Spargeln verteilen.
- ▷ Mit Basilikumstreifen bestreuen.

Garstufen Spargeln

mit Vorheizen – Auflage 1
6 Minuten 100 °C Dämpfen

Garstufen Seeteufel

mit Vorheizen – Auflage 1
4 $^1/_2$ Minuten 100 °C Dämpfen

Dorschfilets auf Ratatouille mit Patati

Zutaten Dorschfilets

600 g	Dorschrückenfilets, in 8 Stücke geschnitten
	Salz und Pfeffer

Zutaten Ratatouille

1	mittelgrosse Aubergine, fein gewürfelt
1	mittelgrosse Zucchetti, fein gewürfelt
1	rote Peperoni, fein gewürfelt
1 Prise	Thymian
1 Prise	Majoran
1 Prise	Oregano
1 Prise	Rosmarin
1 Prise	Salbei
1	Lorbeerblatt
1	Gewürznelke
1	Knoblauchzehe, halbiert, Keimling entfernt, fein gehackt
1	kleine Zwiebel, fein gehackt
1 dl	Olivenöl
2	grosse Fleischtomaten, fein gewürfelt
1 dl	Vollrahm
	Salz und Pfeffer

Zutaten Patati

16	Patati (kleine neue Kartoffeln)
	Salz

Zubereitung Patati

- ▷ Die Kartoffeln waschen, schälen und auf das Edelstahlblech legen.
- ▷ Salzen und während 30 Minuten bei 100 °C dämpfen.
- ▷ Aus dem Garraum nehmen und beiseite stellen.

Zubereitung Ratatouille

- ▷ Das Olivenöl in der Saucenpfanne auf dem Herd erhitzen und die Zwiebel und den Knoblauch darin andünsten.
- ▷ Die Auberginen-, die Zucchetti- und die Peperoniwürfel zugeben und während 4 bis 5 Minuten bei schwacher Hitze unter stetigem Rühren dünsten.
- ▷ Die Tomatenwürfel und die Kräuter beifügen und mit Salz und Pfeffer würzen.
- ▷ Zugedeckt während ca. 12 Minuten bei sehr schwacher Hitze weich garen.
- ▷ Vom Herd nehmen und beiseite stellen.
- ▷ Vor dem Anrichten den Rahm beifügen und auf dem Herd nochmals aufkochen lassen.

Zubereitung Dorschfilets

- ▷ Die Dorschfilets mit Salz und Pfeffer würzen und auf dem Edelstahlblech während 5 Minuten bei 90 °C dämpfen.
- ▷ Aus dem Garraum nehmen und beiseite stellen.

Anrichten

- ▷ Die Ratatouille in die Mitte von 4 flachen Tellern verteilen.
- ▷ Pro Teller 2 Dorschfilet-Stücke rundherum anrichten und die Patati dazwischenlegen.

Garstufen Patati

mit Vorheizen – Auflage 1
30 Minuten 100 °C Dämpfen

Garstufen Dorschfilets

mit Vorheizen – Auflage 1
5 Minuten 90 °C Dämpfen

Gedämpfte Schollenfilets auf Lauchkartoffeln

Zutaten Schollenfilets

4	Schollenfilets à je 150 g
	Salz und Pfeffer

Zutaten Lauchkartoffeln

600 g	fest kochende Kartoffeln, z. B. Sorte Nicola, geschält, in 1 cm grosse Würfel geschnitten
200 g	Gemüselauch, gewaschen, blättrig geschnitten
1 dl	Vollrahm
	Salz und Pfeffer

Zutaten Garnitur

1 Bund	Schnittlauch

Zubereitung Lauchkartoffeln

- ▷ Die Kartoffelwürfel in dem gelochten Garbehälter verteilen, mit Salz und Pfeffer würzen und während 20 Minuten bei 100 °C dämpfen.
- ▷ Aus dem Garraum nehmen und den blättrig geschnittenen Lauch über die Kartoffeln verteilen.
- ▷ Leicht salzen und pfeffern und nochmals während 10 Minuten bei 100 °C dämpfen.
- ▷ Aus dem Garraum nehmen, in die Saucenpfanne geben und beiseite stellen.

Zubereitung Schollenfilets

- ▷ Die Schollenfilets auf beiden Seiten mit Salz und Pfeffer würzen und mit der Hautseite nach innen einrollen.
- ▷ In den gelochten Garbehälter legen und während 6 Minuten bei 95 °C dämpfen.
- ▷ Aus dem Garraum nehmen und beiseite stellen.

Anrichten

- ▷ Den Vollrahm zu den Lauchkartoffeln in die Saucenpfanne giessen.
- ▷ Auf dem Herd aufkochen lassen und mit Salz und Pfeffer abschmecken.
- ▷ Vom Herd nehmen und die Lauchkartoffeln mit dem Schöpflöffel in die 4 Suppenschalen verteilen.
- ▷ Die Schollenfilets auf die Kartoffeln setzen und mit Schnittlauchstängeln garnieren.

Garstufen Lauchkartoffeln

mit Vorheizen – Auflage 1
30 Minuten 100 °C Dämpfen

mit Vorheizen – Auflage 1
10 Minuten 100 °C Dämpfen

Garstufen Schollenfilets

mit Vorheizen – Auflage 1
6 Minuten 95 °C Dämpfen

Gedämpfter Kabeljau mit Kartoffel-Vermicelles und Zitronengras-Sauce

Zutaten

600 g	Kabeljaufilets
8	mittelgrosse Kartoffeln (z. B. Sorte Ditta), geschält und geviertelt
4 EL	Olivenöl, kaltgepresst
1	Zitronengras-Stängel, sehr fein gewürfelt
	Rahm
4 EL	Noilly Prat (trockener französischer Vermouth)
1 EL	Butter
	Salz und Pfeffer

Zutaten Garnitur

4	Zitronengras-Stängel

Zubereitung Zitronengras-Sauce

- ▷ In einer Saucenpfanne auf dem Herd den Noilly Prat mit den Zitronengras-Würfelchen sirupartig einkochen.
- ▷ Rahm dazurühren und 3 bis 4 Minuten leise köcheln lassen.
- ▷ Vom Herd nehmen, durch ein Sieb passieren und in die Pfanne zurückgeben (Zitronengras-Würfel werden nicht verwendet, da sie sehr zäh sind).
- ▷ Sauce mit Butter verfeinern, mit Salz und Pfeffer abschmecken und vor dem Servieren nochmals aufkochen lassen.
- ▷ Beiseite stellen.

Zubereitung Kartoffeln und Kabeljaufilets

- ▷ Kartoffeln auf dem Edelstahlblech verteilen, salzen und 45 Minuten bei 100 °C dämpfen.
- ▷ Kabeljaufilets auf ein zweites Edelstahlblech legen, salzen und pfeffern und nach 41 Minuten mit den Kartoffeln zusammen 4 Minuten bei 100 °C dämpfen.
- ▷ Herausnehmen und beiseite stellen.

Anrichten

- ▷ Zitronengras-Sauce auf 4 flache Teller verteilen.
- ▷ Kabeljaufilets darauf verteilen.
- ▷ Kartoffeln in ein Abtropfsieb abschütten, in 4 Portionen teilen und durch die Vermicelles-Presse in vier Schälchen drücken.
- ▷ Mit frischen Zitronengras-Stängeln garnieren.

Garstufen Kartoffeln

mit Vorheizen – Auflage 1
45 Minuten 100 °C Dämpfen

Garstufen Kabeljaufilets

mit Vorheizen – Auflage 2
4 Minuten 100 °C Dämpfen

Gedämpfte Solefilets mit Sepia-Nudeln und Miesmuschelsauce

Zutaten Solefilets

500 g	Solefilets
	Salz und Pfeffer

Zutaten Sepia-Nudeln

300 g	Sepia-Nudeln
	Salz und Pfeffer

Zutaten Miesmuschelsauce

400 g	Miesmuscheln, roh, gewaschen
1	Tomate, gewürfelt
2	Knoblauchzehen, halbiert, Keimling entfernt, fein gehackt
40 g	Lauch, in sehr feine Streifen geschnitten
30 g	Karotten, geschält, in sehr feine Streifen geschnitten
30 g	Knollensellerie, geschält, in sehr feine Streifen geschnitten
1	mittelgrosse Schalotte, fein gehackt
100 g	Butter
1	kleiner Bund Schnittlauch, fein geschnitten
	Salz und Pfeffer

Zubereitung Sepia-Nudeln

- ▷ Die Sepia-Nudeln in reichlich Salzwasser auf dem Herd al dente kochen.
- ▷ Vom Herd nehmen, durch ein Sieb abgiessen und beiseite stellen.

Zubereitung Miesmuschelsauce

- ▷ Die Miesmuscheln mit Gemüsestreifen, Tomate, Knoblauch und Schalotte auf das Edelstahlblech legen.
- ▷ Während 5 Minuten bei 100 °C dämpfen.
- ▷ Aus dem Garraum nehmen, den Fond durch ein Sieb in eine Schüssel abgiessen.
- ▷ Die Muscheln aus der Schale lösen und zusammen mit den Gemüsestreifen beiseite stellen.
- ▷ 8 Esslöffel Muschelfond in einem Kochtopf auf dem Herd mit 100 g Butter vermengen.
- ▷ Die Muscheln und die Gemüsestreifen zugeben, den Schnittlauch zufügen und mit Salz und Pfeffer würzen.
- ▷ Kurz aufkochen lassen, vom Herd nehmen und beiseite stellen.

Zubereitung Solefilets

- ▷ Die Solefilets in den gelochten Garbehälter legen, salzen und pfeffern.
- ▷ Während 3 Minuten bei 100 °C dämpfen.
- ▷ Herausnehmen und beiseite stellen.

Anrichten

- ▷ Die Sepia-Nudeln in die Mitte von 4 Pastatellern verteilen.
- ▷ Die Muschelsauce rundherum anrichten und die Solefilets darauf verteilen.

Garstufen Solefilets

mit Vorheizen – Auflage 1
3 Minuten 100 °C Dämpfen

Garstufen Muscheln

mit Vorheizen – Auflage 1
5 Minuten 100 °C Dämpfen

Meerwolf-Filets an Linsen-Rahm-Sauce mit Brotcroûtons und grünen Bohnen

Zutaten Meerwolf-Filets

4	Meerwolf-Filets à je 150 g
	Salz und Pfeffer

Zutaten Linsen-Rahm-Sauce

50 g	Linsen, grün, am Vortag in lauwarmem Wasser eingeweicht
50 g	Linsen, braun, am Vortag in lauwarmem Wasser eingeweicht
1,5 dl	Vollrahm
50 g	Butter, zimmerwarm
	Salz und Pfeffer

Zutaten Bohnen

300 g	grüne Bohnen, halbiert, längs aufgeschnitten
	Salz und Pfeffer

Zutaten Brotcroûtons

4	Scheiben Toastbrot, Rinde entfernt, gewürfelt
4 EL	Olivenöl

Zubereitung Linsen-Rahm-Sauce

- ▷ Die eingeweichten Linsen in ein Abtropfsieb schütten und auf dem Edelstahlblech verteilen.
- ▷ Mit Salz und Pfeffer würzen und 15 Minuten bei 100 °C dämpfen.
- ▷ Aus dem Garraum nehmen und mit dem Stand- oder Stabmixer pürieren.
- ▷ Durch das Küchensieb in die Saucenpfanne passieren.
- ▷ Den Rahm und die Butter beifügen und auf dem Herd aufkochen lassen.
- ▷ Mit Salz und Pfeffer abschmecken.
- ▷ Vom Herd nehmen und beiseite stellen.

Zubereitung Bohnen

- ▷ Die Bohnen in dem gelochten Garbehälter verteilen.
- ▷ Salzen, pfeffern und 6 Minuten bei 100 °C dämpfen.
- ▷ Aus dem Garraum nehmen und beiseite stellen.

Zubereitung Meerwolf-Filets

- ▷ Die 4 Fischfiletstücke in den gelochten Garbehälter legen, mit Salz und Pfeffer würzen und 7 Minuten bei 95 °C dämpfen.
- ▷ Aus dem Garraum nehmen und beiseite stellen.

Anrichten

- ▷ Vor dem Anrichten die Toastbrotwürfel im Olivenöl in der Bratpfanne auf dem Herd knusprig rösten.
- ▷ Die Linsen-Rahm-Sauce in die Mitte von 4 flachen Tellern verteilen. Die Fischfilets darauf anrichten und mit den grünen Bohnen garnieren.
- ▷ Zuletzt die Brotcroûtons darüberstreuen.

Garstufen Linsen

mit Vorheizen – Auflage 1
15 Minuten 100 °C Dämpfen

Garstufen Bohnen

mit Vorheizen – Auflage 1
6 Minuten 100 °C Dämpfen

Garstufen Meerwolf-Filets

mit Vorheizen – Auflage 1
7 Minuten 95 °C Dämpfen

Hummerragout mit Noilly-Prat-Sauce, Frühlingskarotten und Gartenerbsen

Zutaten Hummerragout

2	Hummer à 500 bis 600 g
	Salz

Zutaten Noilly-Prat-Sauce

1 dl	Noilly Prat (trockener französischer Vermouth)
2 dl	Vollrahm
50 g	Butter, zimmerwarm
	Salz und Pfeffer

Zutaten Karotten und Erbsen

16	Frühlingskarotten, vorsichtig geschält, das Grün bis auf 2 cm entfernt
8	Erbsenschoten, Erbsen ausgelöst
30 g	Butter
$^1/_2$ TL	Zucker
	Salz

Zubereitung Hummerragout

▷ In einem grossen Kochtopf reichlich Wasser auf dem Herd aufkochen, salzen und die Hummer darin nacheinander jeweils 4 Minuten kochen.
▷ Aus dem Kochtopf nehmen und die Hummer auf einem Schneidbrett mit einem grossen, scharfen Messer vom Kopf zum Schwanz halbieren.
▷ Das Schwanzfleisch auslösen und die Scheren mit einem Nussknacker brechen und ebenfalls auslösen.
▷ Die Hummerstücke auf das Edelstahlblech legen und zum Wärmen beiseite stellen.

Zubereitung Noilly-Prat-Sauce

▷ Den Noilly Prat in einer Saucenpfanne auf dem Herd unter stetigem Rühren sirupartig einkochen lassen.
▷ Den Rahm und die zimmerwarme Butter beifügen und mit dem Schwingbesen zu einer sämigen Sauce aufschwingen.
▷ Mit Salz und Pfeffer würzen, vom Herd nehmen und beiseite stellen.

Zubereitung Frühlingskarotten und Erbsen

▷ Die Frühlingskarotten im gelochten Garbehälter verteilen, salzen und während 15 Minuten bei 100 °C dämpfen.
▷ Nach 13 Minuten die Erbsen über die Karotten streuen, nochmals leicht salzen und während 2 Minuten fertig garen.
▷ Aus dem Garraum nehmen und beiseite stellen.
▷ Vor dem Anrichten in der zweiten Saucenpfanne die Butter auf dem Herd schmelzen und einen halben Teelöffel Zucker beifügen.
▷ Leicht karamellisieren lassen, die Frühlingskarotten und die Erbsen zugeben und darin schwenken.
▷ Vom Herd nehmen und beiseite stellen.

Anrichten

▷ Die vorbereiteten Hummerstücke während 2 Minuten bei 100 °C dämpfen.
▷ Aus dem Garraum nehmen und beiseite stellen.
▷ Die Noilly-Prat-Sauce in die Mitte von 4 flachen Tellern verteilen.
▷ 4 Karotten pro Teller in einem Quadrat rundum anrichten und die Erbsen darüberstreuen.
▷ Zuletzt die Hummerstücke auf die Teller verteilen.

Garstufen Frühlingskarotten

mit Vorheizen – Auflage 1
15 Minuten 100 °C Dämpfen

Garstufen Erbsen

mit Vorheizen – Auflage 1
2 Minuten 100 °C Dämpfen

Garstufen Hummerragout

mit Vorheizen – Auflage 1
2 Minuten 100 °C Dämpfen

Lachstranchen auf Frühlingsgemüse mit Soja-Honig-Sauce

Zutaten Frühlingsgemüse

4	Radieschen, bis auf 1 cm vom Kraut befreit, unten gerade abgeschnitten
4	Babykarotten, vorsichtig geschält, bis auf 1 cm vom Kraut befreit
4	Eiszapfen, vorsichtig geschält, bis auf 1 cm vom Kraut befreit
50 g	Kefen, Fäden gezogen
8	Erbsenschoten, Erbsen ausgelöst
50 g	Bohnen, gerüstet, schräg halbiert
100 g	Broccoli, in kleine Röschen geschnitten
	Salz und Pfeffer

Zutaten Soja-Honig-Sauce

8 EL	Sojasauce (Kikkoman)
3 EL	Olivenöl
1 EL	Bienenhonig, flüssig

Zutaten Lachstranchen

4	Tranchen Lachs à je 150 g
	Salz und Pfeffer

Zutaten Garnitur

12	schwarze Pfefferkörner, im Mörser zerstossen
1 TL	grobes Meersalz

Zubereitung Frühlingsgemüse

▷ Die Radieschen auf einem ersten Edelstahlblech verteilen, salzen und während 12 Minuten bei 100 °C dämpfen.
▷ Die Babykarotten und die Eiszapfen auf das zweite Edelstahlblech legen, salzen und nach 5 Minuten zu den Radieschen in den Garraum geben.
▷ Das restliche Gemüse zusammen auf dem dritten Edelstahlblech verteilen, salzen und nach weiteren 3 Minuten ebenfalls in den Garraum geben.
▷ Nach 4 Minuten alle Gemüse aus dem Garraum nehmen, leicht salzen und pfeffern und beiseite stellen.

Zubereitung Soja-Honig-Sauce

▷ Alle Zutaten in eine Schüssel geben, mit dem Schwingbesen gut vermischen und beiseite stellen.

Zubereitung Lachstranchen

▷ Den Lachs mit Salz und Pfeffer würzen und auf das Edelstahlblech legen.
▷ Während 7 Minuten bei 90 °C dämpfen.
▷ Aus dem Garraum nehmen und beiseite stellen.

Anrichten

▷ Das Gemüse gleichmässig auf 4 flache Teller verteilen.
▷ Die Lachstranchen mit einem Metallspachtel darauflegen und mit dem Meersalz und den zerstossenen Pfefferkörnern garnieren.
▷ Die Soja-Honig-Sauce vorzugsweise separat dazuservieren.

Garstufen Radieschen

mit Vorheizen – Auflage 1
12 Minuten 100 °C Dämpfen

Garstufen Babykarotten und Eiszapfen

mit Vorheizen – Auflage 2
7 Minuten 100 °C Dämpfen

Garstufen Kefen, Erbsen, Bohnen und Broccoli

mit Vorheizen – Auflage 3
4 Minuten 100 °C Dämpfen

Garstufen Lachstranchen

mit Vorheizen – Auflage 1
7 Minuten 90 °C Dämpfen

Rotbarbenfilet auf rohem Kohlrabensalat mit Bärlauch

Zutaten Kohlrabensalat

2	mittelgrosse Kohlraben
1	Bund Bärlauch
8 EL	Olivenöl
1 EL	Sherry-Essig
	Salz und Pfeffer

Zutaten Rotbarbenfilets

4	Rotbarbenfilets à 100 g
	Salz und Pfeffer

Zutaten Garnitur

1	Blatt Chicorée rosso, in sehr feine Streifen geschnitten
4	Blätter Bärlauch, in sehr feine Streifen geschnitten
4	Prisen grobes Meersalz
	Pfeffer aus der Mühle

Zubereitung Kohlrabensalat

▷ Die Kohlraben waschen und schälen, danach in sehr feine Scheiben hobeln. In eine Schüssel geben und beiseite stellen.

▷ Den Bärlauch und das Olivenöl im Mörser zu einer sehr feinen Paste verarbeiten.

▷ In die Schüssel geben, den Sherry-Essig beifügen mit Salz und Pfeffer abschmecken und beiseite stellen.

Zubereitung Rotbarbenfilets

▷ Die Rotbarbenfilets mit Salz und Pfeffer würzen und auf dem Edelstahlblech verteilen.

▷ Während 5 Minuten bei 90 °C dämpfen.

▷ Aus dem Garraum nehmen und beiseite stellen.

Anrichten

▷ Die Kohlrabenscheiben carpaccioartig auf 4 flache Teller verteilen.

▷ Mit Meersalz und Pfeffer aus der Mühle würzen.

▷ Die Bärlauchpaste mit dem Küchenpinsel darauf verstreichen und pro Teller in der Mitte ein Rotbarbenfilet anrichten.

▷ Mit Chicorée-rosso- und Bärlauchstreifen garnieren.

Garstufen Rotbarbenfilet

mit Vorheizen – Auflage 1
5 Minuten 90 °C Dämpfen

Maccheroni mit Gemüsestreifen, Bärlauchsauce und Crevetten

Zutaten Maccheroni

350 g	Maccheroni
150 g	Karotten, geschält, in feine Streifen geschnitten
150 g	Knollensellerie, geschält, in feine Streifen geschnitten
150 g	Lauch, in feine Streifen geschnitten
2 EL	Olivenöl
	Salz und Pfeffer

Zutaten Bärlauchsauce

5 EL	Noilly Prat (trockener französischer Vermouth)
1	kleine Schalotte, fein gehackt
2,5 dl	Rahm
50 g	Butter, zimmerwarm
1	Knoblauchzehe, halbiert, Keimling entfernt
1	kleiner Bund Bärlauchblätter, in sehr feine Streifen geschnitten
1 Prise	Cayennepfeffer

Zutaten Crevetten

400 g	Crevetten, ohne Kopf, geschält, Darm entfernt, halbiert
	Salz und Pfeffer

Zubereitung Bärlauchsauce

- In der Saucenpfanne 5 Esslöffel Noilly Prat mit der gehackten Schalotte sirupartig reduzieren.
- Rahm zufügen, Knoblauchzehe dazupressen und 3 bis 4 Minuten leise köcheln lassen.
- Zimmerwarme Butter darunter mengen, mit Salz und Pfeffer würzen.
- Eine Prise Cayennepfeffer beifügen und beiseite stellen.
- Vor dem Servieren die fein geschnittenen Bärlauchstreifen in die Sauce geben und nochmals kurz aufkochen.

Zubereitung Maccheroni

- Das in feine Streifen geschnittene Gemüse im gelochten Garbehälter verteilen, salzen und während 2 Minuten bei 100 °C dämpfen.
- Herausnehmen und beiseite stellen.
- Maccheroni in einem Kochtopf in viel kochendem Salzwasser während 8 bis 9 Minuten al dente kochen.
- In ein Abtropfsieb schütten und in den Kochtopf zurückgeben.
- 2 Esslöffel Olivenöl beifügen und die Gemüsestreifen daruntermengen.
- Mit Salz und Pfeffer würzen und beiseite stellen.

Zubereitung Crevetten

- Die halbierten Crevetten auf das Edelstahlblech geben, mit Salz und Pfeffer würzen und 2 Minuten bei 100 °C dämpfen.
- Herausnehmen und beiseite stellen.

Anrichten

- Maccheroni mit den Gemüsestreifen auf 4 Pastatellern anrichten.
- Mit Bärlauchsauce nappieren und Crevetten darüber verteilen.
- Das Gericht mit einigen fein geschnittenen Bärlauchstreifen garnieren.

Garstufen Gemüsestreifen

mit Vorheizen – Auflage 1
2 Minuten 100 °C Dämpfen

Garstufen Crevetten

mit Vorheizen – Auflage 1
2 Minuten 100 °C Dämpfen

Feine Nudeln mit Crevetten und Brüsseler-Vinaigrette

Zutaten Nudeln

160 g	feine Sepia-Nudeln
	Salz

Zutaten Crevetten

200 g	Crevetten, ausgelöst, halbiert, Darm entfernt
2 EL	Olivenöl
	Salz und Pfeffer

Zutaten Brüsseler-Vinaigrette

200 g	Brüsseler, in feine Würfel (Brunoise) geschnitten
3 EL	Sherry-Essig
8 EL	Olivenöl
1 EL	Schalotten, gehackt
2 EL	Schnittlauch, fein geschnitten
1	kleine Tomate, entkernt, gewürfelt
	Salz und Pfeffer

Vorbereitung

▷ Um dem Brüsseler die Bitterstoffe etwas zu entziehen, wird dieser kurz vor der Zubereitung während 10 Minuten in heisses Wasser eingelegt.

▷ Anschliessend durch ein Sieb abgiessen und mit kaltem Wasser abspülen. Gut abtropfen lassen.

Zubereitung Nudeln

▷ Die Nudeln in einem Kochtopf in genügend Salzwasser al dente kochen.

▷ Vom Herd nehmen, durch ein Sieb abschütten und beiseite stellen.

Zubereitung Crevetten

▷ Die Crevetten mit Salz und Pfeffer würzen und in einer Saucenpfanne auf dem Herd in 2 Esslöffeln Olivenöl sautieren.

▷ Vom Herd nehmen und beiseite stellen.

Zubereitung Brüsseler-Vinaigrette

▷ Den Brüsseler auf dem Edelstahlblech verteilen und mit Salz und Pfeffer würzen. Während 5 Minuten bei 100 °C dämpfen. Aus dem Garraum nehmen und durch ein Sieb abschütten. In eine Schüssel geben und mit allen anderen Vinaigrette-Zutaten mischen.

▷ Mit Salz und Pfeffer würzen und beiseite stellen.

Anrichten

▷ Die Vinaigrette in 4 Suppenteller schöpfen, mit einem Schöpflöffel das Gemüse rundherum an den Rand schieben und die Nudeln im Zentrum, die Crevetten rundherum anrichten.

Garstufen Brüsseler

mit Vorheizen – Auflage 1
5 Minuten 100 °C Dämpfen

Linsensalat mit Jakobsmuscheln, Specktranchen und Sepia-Nudeln

Zubereitung Linsen und Muscheln

- ▷ Die eingeweichten Linsen in ein Abtropfsieb abschütten, auf dem Edelstahlblech verteilen und mit Salz und Pfeffer würzen.
- ▷ Die Miesmuscheln gut waschen und auf dem zweiten Edelstahlblech verteilen.
- ▷ Das Edelstahlblech mit den Linsen in den Garraum schieben und während 11 Minuten bei 100 °C dämpfen.
- ▷ Das zweite Edelstahlblech mit den Miesmuscheln ebenfalls in den Garraum schieben und zusammen mit den Linsen 4 Minuten bei 100 °C dämpfen.
- ▷ Aus dem Garraum nehmen und die Linsen in ein Abtropfsieb schütten.
- ▷ Die Muscheln ebenfalls in ein Abtropfsieb abschütten und aus ihrer Schale lösen.
- ▷ In eine erste Schüssel geben und beiseite stellen.

Zubereitung Salat

- ▷ In einer zweiten Schüssel das Olivenöl und den Balsamico-Essig mischen.
- ▷ Den Schnittlauch, die Petersilie, die Schalotte und die Tomatenwürfel zugeben.
- ▷ Die Knoblauchzehe dazupressen und mit Salz und Pfeffer würzen.
- ▷ Die ausgelösten Miesmuscheln und die Linsen zugeben, gut mischen und beiseite stellen.

Zubereitung Sepia-Nudeln, Speck und Jakobsmuscheln

- ▷ Die Sepia-Nudeln in einem Kochtopf in genügend Salzwasser auf dem Herd al dente kochen.
- ▷ In ein Abtropfsieb schütten, abtropfen lassen und mit der Fleischgabel daraus 4 gleich grosse Nestchen formen.
- ▷ Die Specktranchen in einer Bratpfanne auf dem Herd in 2 Esslöffeln Erdnussöl knusprig braten.
- ▷ Vom Herd nehmen und um die Fleischgabel wickeln, sodass kleine Rollen entstehen, danach beiseite stellen.
- ▷ Gleichzeitig in einer zweiten Bratpfanne auf dem Herd die Jakobsmuscheln in 2 Esslöffeln Olivenöl während 2 bis 3 Minuten beidseitig goldbraun braten.
- ▷ Vom Herd nehmen und beiseite stellen.

Zutaten

100 g	Linsen, grün, am Vortag eingeweicht
300 g	frische Miesmuscheln, gewaschen
1	kleiner Bund Schnittlauch, fein geschnitten
1	kleiner Bund glattblättrige Petersilie, grob gehackt
1	Knoblauchzehe, halbiert, Keimling entfernt
1	grosse Schalotte, fein gehackt
10 EL	Olivenöl
2 EL	Balsamico-Essig
2 EL	Erdnussöl
12	Jakobsmuscheln à 25 g, ausgelöst
12	Tranchen Speck
50 g	Sepia-Nudeln
	Salz und Pfeffer
1	mittelgrosse Tomate, entkernt, fein gewürfelt

Anrichten

- ▷ Den Linsensalat in die Mitte von vier flachen Tellern verteilen.
- ▷ Auf jedem Teller die Speckrollen, die Jakobsmuscheln und die Sepia-Nudeln anrichten.

Garstufen Linsen

mit Vorheizen – Auflage 1
15 Minuten 100 °C Dämpfen

Garstufen Miesmuscheln

mit Vorheizen – Auflage 2
4 Minuten 100 °C Dämpfen

Gedämpfte Kalbssteaks mit Griessgnocchi, Tomatentartar und Basilikumsauce

Zutaten Kalbssteaks

8	Kalbssteaks à 80 g
	Salz und Pfeffer

Zutaten Griessgnocchi

70 g	Hartweizengriess
2,5 dl	Milch
70 g	Butter
1	Eigelb
	Salz und Pfeffer
2 EL	Erdnussöl
	Erdnussöl zum Bepinseln des Edelstahlbleches

Zutaten Tomatentartar

2	kleine Tomaten, geviertelt, entkernt, fein gewürfelt
1	kleiner Bund Rucola, fein gehackt
1 EL	Schalotten, fein gehackt
2 EL	Olivenöl
1 EL	Balsamico-Essig
1 Prise	Meersalz, grob
1 Prise	schwarze Pfefferkörner, im Mörser zerstossen

Zutaten Basilikumsauce

2 dl	Rahm
0,5 dl	Noilly Prat (trockener französischer Vermouth)
1 EL	Schalotten, fein gehackt
1 Bund	Basilikum, in feine Streifen geschnitten
50 g	Butter
	Salz und Pfeffer

Zubereitung Griessgnocchi

▷ Die Milch und 50 g Butter in einer Saucenpfanne auf dem Herd aufkochen lassen.
▷ 70 g Hartweizengriess einrieseln lassen, mit Salz und Pfeffer würzen und bei schwacher Hitze zu einem dicken Brei rühren.
▷ Vom Herd nehmen, 2 bis 3 Minuten auskühlen lassen und mit dem Eigelb binden.
▷ 1 cm dick auf das leicht geölte Edelstahlblech ausstreichen, mit Klarsichtfolie abdecken und während 4 bis 5 Stunden kühl stellen.
▷ Anschliessend die Gnocchimasse vorsichtig auf ein Schneidbrett stürzen, in 12 gleich grosse Dreiecke schneiden und beiseite stellen.
▷ Vor dem Servieren die Gnocchi in 2 Esslöffeln Erdnussöl und 20 g Butter in der Bratpfanne auf dem Herd goldgelb braten.

Zubereitung Tomatentartar

▷ Die Tomatenwürfel in der Schüssel mit der gehackten Rucola, den gehackten Schalotten, dem Olivenöl und dem Balsamico-Essig mischen und mit dem Meersalz und den zerstossenen Pfefferkörnern abschmecken.
▷ Die Masse in 4 Metallringe füllen und beiseite stellen.

Zubereitung Basilikumsauce

▷ Den Noilly Prat in der zweiten Saucenpfanne auf dem Herd sirupartig einreduzieren lassen.
▷ Den Vollrahm und die gehackten Schalotten beifügen.
▷ Die Sauce unter stetigem Rühren mit der Butter verfeinern und mit Salz und Pfeffer abschmecken.
▷ Vor dem Servieren die Basilikumstreifen zugeben und nochmals aufkochen lassen.
▷ Vom Herd nehmen und beiseite stellen.

Zubereitung Kalbssteaks

▷ Die Kalbssteaks beidseitig mit Salz und Pfeffer würzen und auf das Edelstahlblech legen.
▷ Während 6 Minuten bei 100 °C dämpfen.
▷ Aus dem Garraum nehmen, jedes Kalbssteak halbieren und beiseite stellen.

Anrichten

- ▷Die in feine Tranchen geschnittenen Kalbssteaks in die Mitte von 4 flachen Tellern verteilen.
- ▷Pro Teller 3 Gnocchi auf der einen Seite anrichten und das Tomatentartar auf die anderen Seite der Kalbssteaks stürzen und die Metallringe entfernen.
- ▷Die Basilikumsauce separat dazuservieren.
- ▷Fein geschnittenen Basilikum darüberstreuen.

Garstufen Kalbssteaks

mit Vorheizen – Auflage 1
6 Minuten 100 °C Dämpfen

Perlhuhnbrust mit gebratenen Frühlingszwiebeln

Zutaten Perlhuhnbrust

4	Perlhuhnbrüstchen à 120 g
	Salz und Pfeffer

Zutaten Backteig

2 EL	Maizena
2 EL	Mehl
1	Messerspitze Backpulver
1	Ei
1 EL	Erdnussöl
	wenig Wasser
	Salz und Pfeffer

Zutaten Frühlingszwiebeln

8	Frühlingszwiebeln, auf eine Länge von 8 cm geschnitten
	Salz
1 EL	Sesam
2 EL	Erdnussöl

Zutaten Pesto-Rahm-Sauce

50 g	Pinienkerne
30 g	Parmesan, gerieben
30 g	Basilikumblätter
1 dl	Olivenöl
	Salz und Pfeffer
1,5 dl	Vollrahm

Zutaten Garnitur

8 EL	Olivenöl
1 Prise	Meersalz, grob
1 Prise	schwarze Pfefferkörner, im Mörser zerstossen

Zubereitung Backteig

- Alle Zutaten in eine Schüssel geben und mit dem Schwingbesen zu einem glatten Teig verrühren.
- Mit Salz und Pfeffer abschmecken und beiseite stellen.

Zubereitung Frühlingszwiebeln

- Die Frühlingszwiebeln auf das Edelstahlblech legen, salzen und während 8 Minuten bei 100 °C dämpfen.
- Aus dem Garraum nehmen, etwas auskühlen lassen und längs vierteln.
- Durch den vorbereiteten Backteig ziehen, mit Sesam bestreuen und in 2 Esslöffeln Erdnussöl in der Bratpfanne auf dem Herd bei mittlerer Hitze goldgelb ausbacken.
- Vom Herd nehmen, auf ein Küchenpapier legen und beiseite stellen.

Zubereitung Pesto-Rahm-Sauce

- Die Pinienkerne, den Parmesan, die Basilikumblätter und das Olivenöl in den Mörser geben und zu einem Pesto zerstossen.
- Mit Salz und Pfeffer abschmecken.
- In der Saucenpfanne auf dem Herd den Vollrahm aufkochen.
- Vor dem Servieren das Pesto in den Vollrahm rühren, kurz aufkochen lassen und nochmals mit Salz und Pfeffer abschmecken.
- Vom Herd nehmen und beiseite stellen.

Zubereitung Perlhuhn

- Die Perlhuhnbrüstchen beidseitig mit Salz und Pfeffer würzen und auf das Edelstahlblech legen.
- Während 5 Minuten bei 100 °C dämpfen.
- Aus dem Garraum nehmen und anrichten.

Anrichten

- Die Perlhuhnbrüstchen auf 4 flache Teller verteilen und die Frühlingszwiebelstücke ringsum anrichten.
- Die Perlhuhnbrüstchen mit Meersalz und zerstossenen Pfefferkörnern bestreuen und mit je 2 Esslöffeln Olivenöl aromatisieren.
- Die Pesto-Rahm-Sauce dazuservieren.

Garstufen Frühlingszwiebeln

mit Vorheizen – Auflage 1
8 Minuten 100 °C Dämpfen

Garstufen Perlhuhn

mit Vorheizen – Auflage 1
5 Minuten 100 °C Dämpfen

Gedämpfter Brüsseler-Flan mit Pouletbrust und Rotwein-Butter-Sauce

Zutaten Brüsseler-Flan

300 g	Brüsseler, längs geachtelt, Strunk entfernt, blättrig geschnitten
2	Eigelb
1 dl	Doppelrahm
1 EL	Kerbel, gehackt
	Salz und Pfeffer
	Butter für die Timbaleförmchen

Zutaten Pouletbrust

600 g	Pouletbrust
	Salz und Pfeffer
2 EL	Erdnussöl

Zutaten Rotwein-Butter-Sauce

1 dl	Rotwein
80 g	Butter
	Salz und Pfeffer

Zutaten Garnitur

etwas gezupfter Kerbel

Vorbereitung Brüsseler-Flan

▷ Die Timbaleförmchen grosszügig mit weicher Butter bestreichen und den Boden mit ausgeschnittenen Backpapier-Rondellen auslegen.
▷ Um dem Brüsseler die Bitterstoffe etwas zu entziehen, wird er kurz vor der Zubereitung während 10 Minuten in heisses Wasser eingelegt.
▷ Anschliessend durch ein Sieb abgiessen und mit kaltem Wasser abspülen.
▷ Gut abtropfen lassen.

Vorbereitung Rotwein-Butter-Sauce

▷ Die Butter aus dem Kühlschrank nehmen. Sie wird zimmerwarm verwendet.

Zubereitung Brüsseler-Flan

▷ Brüsseler auf dem Edelstahlblech verteilen und mit Salz und Pfeffer würzen.
▷ Während 15 Minuten bei 100 °C dämpfen.
▷ Aus dem Garraum nehmen und durch ein Sieb abschütten.
▷ Den Brüsseler auf eine doppelte Lage Haushaltspapier legen und mit einer doppelten Lage bedecken.
▷ Mit den Händen gut andrücken, um die Flüssigkeit zu entziehen, und anschliessend in eine Schüssel geben.
▷ 2 Eigelb und 1 dl Doppelrahm zugeben, die Kerbelblättchen zufügen und mit Salz und Pfeffer würzen.
▷ Die Masse in die 4 vorbereiteten Timbaleförmchen füllen.
▷ Die Förmchen auf das Edelstahlblech stellen und während 15 Minuten bei 100 °C dämpfen.
▷ Aus dem Garraum nehmen und während 10 Minuten ruhen lassen.
▷ Aus den Förmchen stürzen und beiseite stellen.

Zubereitung Pouletbrust

▷ Die Pouletbrüstchen mit Salz und Pfeffer würzen.
▷ 2 Esslöffel Erdnussöl in einer Bratpfanne auf dem Herd erhitzen und die Pouletbrüstchen darin auf jeder Seite während 3 bis 4 Minuten anbraten.
▷ Vom Herd nehmen und beiseite stellen.

Zubereitung Rotwein-Butter-Sauce

- 1 dl Rotwein in der Saucenpfanne auf dem Herd reduzieren, bis eine sirupartige Flüssigkeit entsteht.
- 80 g Butter (zimmerwarm) unter ständigem Rühren bei mittlerer Hitze stückweise zugeben.
- Mit Salz und Pfeffer würzen und beiseite stellen.

- Die Rotwein-Butter-Sauce sollte erst unmittelbar vor dem Anrichten zubereitet werden.

Anrichten

- Den Brüsseler-Flan in die Mitte von 4 flachen Tellern verteilen.
- Die Pouletbrüstchen fächerartig in dünne Tranchen schneiden und rund um den Flan legen.
- Die Rotwein-Butter-Sauce mit einem Löffel zwischen dem Pouletfleisch und dem Flan anrichten.
- Mit gezupftem Kerbel garnieren.
- Zu diesem Gericht passen Bratkartoffeln (Frühjahrssorte).

Garstufen Brüsseler

mit Vorheizen – Auflage 1
15 Minuten 100 °C Dämpfen

Garstufen Brüsseler-Flan

mit Vorheizen – Auflage 1
15 Minuten 100 °C Dämpfen

Bouillongemüse mit pochiertem Rindsfilet, Kartoffelstock und Salsa verde

Zutaten Bouillongemüse

250 g	Karotten, geschält, in 1 cm dicke und 4 cm lange Stäbchen geschnitten
200 g	Knollensellerie, geschält, in 1 cm dicke und 4 cm lange Stäbchen geschnitten
250 g	Lauch, in 1 cm dicke Scheiben geschnitten
1	kleine Zwiebel, in 1 cm dicke Spalten geschnitten
5 dl	Gemüsebouillon
1	Lorbeerblatt
1	Gewürznelke
4	Pfefferkörner, zerstossen
1	kleiner Zweig Thymian

Zutaten pochiertes Rindsfilet

400 g	Rindsfilet
4	Markbeine
	Salz und Pfeffer

Zutaten Kartoffelstock

600 g	mehlig kochende Kartoffeln (Charlotte), geschält
30 g	Butter
1 dl	Milch, sehr heiss
	Muskatnuss, Salz und Pfeffer

Zutaten Salsa verde

1	kleiner Bund Basilikum, Blätter von den Stielen gezupft
1	kleiner Bund Schnittlauch
1	kleiner Bund glattblättrige Petersilie, Blätter von den Stielen gezupft
1	Knoblauchzehe, halbiert, Keimling entfernt
$^1/_2$	Limette, nur Saft
10 EL	Olivenöl
	Salz und Pfeffer

Zubereitung Bouillongemüse

- ▷ Alle Zutaten in einen Kochtopf geben und auf dem Herd aufkochen lassen.
- ▷ Vom Herd nehmen und das Bouillongemüse zusammen mit der Bouillon in ein Einmachglas abfüllen.
- ▷ Das Glas schliessen und während 60 Minuten bei 100 °C direkt auf dem Garraumboden dämpfen.
- ▷ Herausnehmen und beiseite stellen.

Zubereitung Kartoffelstock

- ▷ Die geschälten Kartoffeln in grosse, gleichmässige Würfel schneiden und in den gelochten Garbehälter legen.
- ▷ Leicht salzen und während ca. 40 Minuten bei 100 °C dämpfen.
- ▷ Herausnehmen und durch ein Sieb abgiessen.
- ▷ Durch das Passevite in einen Kochtopf passieren.
- ▷ Auf dem Herd bei mittlerer Hitze mit der heissen Milch und der Butter mischen.
- ▷ Mit wenig Muskatnuss, Salz und Pfeffer abschmecken und gut umrühren.
- ▷ Vom Herd nehmen und beiseite stellen.

Zubereitung pochiertes Rindsfilet

- ▷ Das Rindsfilet in den gelochten Garbehälter legen und beidseitig mit Salz und Pfeffer würzen.
- ▷ Die Markbeine dazulegen und alles während 10 Minuten bei 90 °C dämpfen.
- ▷ Herausnehmen und beiseite stellen.

Zubereitung Salsa verde

- ▷ Alle Zutaten ausser dem Limettensaft im Mixer mischen und fein pürieren.
- ▷ In eine Schüssel geben, mit Limettensaft, Salz und Pfeffer würzen und beiseite stellen.

Anrichten

- ▷ Das Bouillongemüse mit einem Suppenschöpfer auf 4 Pastateller verteilen.
- ▷ Den Kartoffelstock in der Tellermitte anrichten.
- ▷ Das Rindsfilet mit einem scharfen Messer in 12 Stücke schneiden und pro Teller je 3 Scheiben verteilen.
- ▷ Ein Markbein pro Teller dazulegen.
- ▷ Salsa verde separat servieren.

Garstufen Bouillongemüse

mit Vorheizen – direkt auf dem Garraumboden
60 Minuten 100 °C Dämpfen

Garstufen pochiertes Rindsfilet

mit Vorheizen – Auflage 1
10 Minuten 90 °C Dämpfen

Garstufen Kartoffelstock

mit Vorheizen – Auflage 1
ca. 40 Minuten 100 °C Dämpfen

Gebratene Lammkoteletts auf Butternut-Kürbis-Risotto mit Thymian

Zutaten Kürbisgemüse

800 g	Butternut-Kürbis, geschält, Gehäuse entfernt, gewürfelt
1 dl	Olivenöl
1	kleine Zwiebel, fein gehackt
100 g	Pelati-Tomaten
4	Knoblauchzehen, halbiert, Keimling entfernt, gewürfelt
5	Salbeiblätter
1	kleiner Zweig Rosmarin
8	Pfefferkörner, zerstossen
2	Chilischoten, getrocknet, zerkrümelt
1	Lorbeerblatt
1	Gewürznelke
1 Prise	Oregano
1 Prise	Thymian
	Salz und Pfeffer

Zutaten Risotto

300 g	Carnaroli-Risottoreis
2 EL	Olivenöl
1	kleine Zwiebel
3	Zweige Thymian
6 dl	Gemüsebouillon
2 dl	Schlagrahm
	Salz und Pfeffer

Zutaten Lammkoteletts

16	Lammkoteletts à 40 g
4 EL	Erdnussöl
	Salz und Pfeffer

Zutaten Garnitur

1 Bund	Thymian

Zubereitung Kürbisgemüse

- 1 dl Olivenöl in einem Kochtopf auf dem Herd erhitzen.
- Die Zwiebel zugeben und leicht anziehen.
- Die Kürbiswürfel und den Knoblauch zufügen, mit Salz und Pfeffer würzen und während 2 bis 3 Minuten unter ständigem Umrühren anziehen.
- Anschliessend die Gewürze und die Tomaten zugeben und zugedeckt während 12 Minuten bei 180 °C Heissluft mit Beschwaden garen.
- Aus dem Garraum nehmen und beiseite stellen.

Zubereitung Risotto

- 2 Esslöffel Olivenöl in einem Kochtopf auf dem Herd erhitzen.
- Die Zwiebeln zugeben und leicht anziehen.
- Den Risottoreis und 3 Zweige Thymian zugeben und glasig andünsten.
- Mit 6 dl Gemüsebouillon ablöschen und mit Salz und Pfeffer abschmecken.
- Zugedeckt während 15 Minuten bei 180 °C Heissluft mit Beschwaden garen.
- Aus dem Garraum nehmen.
- Anschliessend den Schlagrahm und das Kürbisgemüse zugeben.
- Nochmals kurz auf dem Herd erwärmen, beiseite stellen.

Zubereitung Lammkoteletts

- Die Lammkoteletts mit Salz und Pfeffer würzen (erst kurz vor dem Braten).
- In einer Bratpfanne auf dem Herd 4 Esslöffel Erdnussöl erhitzen und die Lammkoteletts darin auf jeder Seite während 2 bis 3 Minuten anbraten.
- Vom Herd nehmen und beiseite stellen.

Anrichten

- Den Risotto auf 4 Pastateller verteilen.
- 4 Lammkoteletts pro Teller rundherum anrichten und mit Thymianzweigen garnieren.

Garstufen Kürbisgemüse

mit Vorheizen – Auflage 1

12 Minuten	180 °C Heissluft mit Beschwaden, Dampf EIN

Garstufen Risotto

mit Vorheizen – Auflage 1

15 Minuten	180 °C Heissluft mit Beschwaden, Dampf EIN

Doppeltes Büffelentrecôte mit Wirz-Trüffel-Auflauf und Portweinsauce

Zutaten Büffelentrecôte

2	Büffelentrecôtes à 350 g
4 EL	Erdnussöl
	Salz und Pfeffer

Zutaten Wirz-Trüffel-Auflauf

1	kleiner Wirz à 400 bis 500 g, grüne Blätter entfernt, von den gelben Blättern die Blattrippen weggeschnitten, in Quadrate von 1 cm geschnitten
120 g	schwarze Trüffel, in feine Scheiben geschnitten
2 EL	Doppelrahm
2	Eigelb
	Salz und Pfeffer
	Butter für die Küchenringe oder Kaffeetassen

Zutaten Portweinsauce

1 dl	Portwein
80 g	Butter, zimmerwarm
	Salz und Pfeffer

Zutaten Garnitur

einige Trüffelscheiben

Hinweis

▷ Die Büffelentrecôtes vorzugsweise 4 bis 5 Stunden vor Gebrauch aus dem Kühlschrank nehmen, da zimmerwarmes Fleisch eine kürzere Bratzeit benötigt und somit schonender zubereitet werden kann.

Zubereitung Wirz-Trüffel-Auflauf

▷ Die Wirzquadrate in den gelochten Garbehälter legen, salzen und während 3 Minuten bei 100 °C dämpfen.
▷ Aus dem Garraum nehmen, in einem Abtropfsieb gut abtropfen lassen und in eine Schüssel geben.
▷ Den Doppelrahm, die Eigelbe und die Trüffelscheiben zufügen, mit Salz und Pfeffer würzen und gut mischen.
▷ In 4 ausgebutterte Küchenringe oder Kaffeetassen abfüllen und auf das Edelstahlblech stellen.
▷ Während 12 Minuten bei 95 °C dämpfen.
▷ Aus dem Garraum nehmen und beiseite stellen.

Zubereitung Portweinsauce

▷ Den Portwein in der Saucenpfanne auf dem Herd sirupartig einkochen lassen.
▷ Bei schwacher Hitze die weiche Butter flockig beifügen und zu einer sämigen Sauce aufschwingen.
▷ Mit Salz und Pfeffer würzen, vom Herd nehmen und beiseite stellen.

Zubereitung Büffelentrecôte

▷ Die Fleischstücke kurz vor dem Braten mit Salz und Pfeffer würzen und in 4 Esslöffeln Erdnussöl in der Bratpfanne auf dem Herd kräftig anbraten.
▷ Rundum Farbe geben, die Temperatur etwas reduzieren und während 5 Minuten pro Seite fertig braten.
▷ Vom Herd nehmen und beiseite stellen.

Anrichten

▷ Die Wirz-Trüffel-Aufläufe mit einem Messer vorsichtig aus den Formen lösen, in die Mitte von 4 flachen Tellern stellen und die Portweinsauce rundherum anrichten.
▷ Die Büffelentrecôtes in je 12 Stücke schneiden, auf die Teller verteilen und den Auflauf mit einigen Trüffelscheiben garnieren.

Garstufen Wirz

mit Vorheizen – Auflage 1
3 Minuten 100 °C Dämpfen

Garstufen Wirz-Trüffel-Auflauf

mit Vorheizen – Auflage 1
12 Minuten 95 °C Dämpfen

Hirschkoteletts mit Gersten-Sauerkraut-Klösschen und gebratenen Marroni

Zutaten Hirschkoteletts

8	Hirschkoteletts à 80 g
2 EL	Erdnussöl
	Salz und Pfeffer

Zutaten Sauerkraut

300 g	Sauerkraut, roh
1,5 dl	Vollrahm
75 g	Rollgerste, am Vortag eingeweicht
1 EL	Butter
	Salz und Pfeffer

Zutaten Marroni

16	Marroni, roh, geschält, in feine Scheiben geschnitten
2 EL	Butter

Zutaten braune Butter

4 EL	Butter

Zubereitung Sauerkraut

- ▷ Sauerkraut auf dem Edelstahlblech verteilen und 30 Minuten bei 100°C dämpfen.
- ▷ Herausnehmen, auf einem Schneidbrett mit dem Gemüsemesser fein hacken und danach beiseite stellen.
- ▷ Die eingeweichte Rollgerste in ein Küchensieb abschütten und in der Saucenpfanne auf dem Herd in viel Salzwasser während 20 Minuten weich kochen.
- ▷ Anschliessend in ein Küchensieb abschütten, abtropfen lassen und beiseite stellen.
- ▷ In der Saucenpfanne auf dem Herd den Vollrahm aufkochen lassen.
- ▷ Sauerkraut und Rollgerste zugeben, mit Salz und Pfeffer würzen und gut mischen.
- ▷ Einen Esslöffel Butter darunterziehen, vom Herd nehmen und beiseite stellen.

Zubereitung Marroni

- ▷ 2 Esslöffel Butter in der Bratpfanne auf dem Herd zergehen lassen.
- ▷ Die Marronischeiben zugeben und bei mittlerer Hitze knusprig braten.
- ▷ In ein Küchensieb abschütten und beiseite stellen.

Zubereitung Hirschkoteletts

- ▷ In der Bratpfanne auf dem Herd 2 Esslöffel Erdnussöl erhitzen.
- ▷ Die Hirschkoteletts mit Salz und Pfeffer würzen und auf jeder Seite während einer Minute bei starker Hitze anbraten.
- ▷ Vom Herd nehmen und auf den Gitterrost legen.
- ▷ Den Gitterrost auf das Edelstahlblech stellen und beiseite legen.
- ▷ Zur gewünschten Zeit die Hirschkoteletts $3^1/_2$ Minuten bei 230 °C Heissluft backen.

Zubereitung braune Butter

- ▷ Vor dem Servieren die braune Butter zubereiten, d. h. 4 Esslöffel Butter in der Bratpfanne bei mittlerer Hitze auf dem Herd zergehen lassen und warten, bis sie leicht braun wird und einen nussartigen Geruch annimmt.
- ▷ Vom Herd nehmen, durch das Küchenpapier passieren und beiseite stellen.

Anrichten

- ▷ Hirschkoteletts auf 4 Teller legen sowie die Marroni und die braune Butter darüber verteilen.
- ▷ Mit 2 Esslöffeln aus dem Gersten-Sauerkraut-Gemisch Klösschen formen und je 3 dazu anrichten.

Garstufen Sauerkraut

mit Vorheizen – Auflage 1
30 Minuten 100 °C Dämpfen

Garstufen Hirschkoteletts

mit Vorheizen – Auflage 1
$3^1/_2$ Minuten 230 °C Heissluft

Rehmedaillons mit Spinattartar und Pesto

Zutaten Rehmedaillons

12	Rehrückenfilet-Medaillons à 40 g
2 EL	Erdnussöl
	Salz und Pfeffer

Zutaten Spinattartar

300 g	Wurzelspinat
30 g	Pinienkerne
1	Tomate, entkernt und gewürfelt
100 g	Champignons, gewaschen, in Scheiben geschnitten
3 EL	Olivenöl
1 EL	Balsamico-Essig
	Salz und Pfeffer

Zutaten Pesto

0,5 dl	Olivenöl
20 g	Parmesan, gerieben
15 g	Basilikumblätter
25 g	Pinienkerne
	Salz und Pfeffer

Zutaten Garnitur

2 EL	Olivenöl
10 g	Pinienkerne
	Meersalz und grob zerstossener Pfeffer

Zubereitung Spinat-Tartar

- Wurzelspinat entstielen und gründlich waschen.
- In einem ersten gelochten Garbehälter verteilen und 3 Minuten bei 100 °C dämpfen.
- Champignons in einem zweiten gelochten Garbehälter ausbreiten und zusammen mit dem Spinat ebenfalls 3 Minuten bei 100 °C dämpfen.
- Beide Garbehälter herausnehmen.
- Spinat mit kaltem Wasser abschrecken und mit den Händen gut ausdrücken.
- Auf einem Schneidbrett mit dem Gemüsemesser grob hacken und in eine Schüssel geben.
- Champignons in ein Abtropfsieb schütten, abtropfen lassen und dem Spinat beifügen.
- Restliche Zutaten zugeben, mit Salz und Pfeffer würzen und gut mischen.
- Spinattartar in 4 Espressotassen verteilen, festdrücken und beiseite stellen.

Zubereitung Pesto

- Alle Zutaten für das Pesto in einen Mörser geben und fein zerstossen.
- Mit Salz und Pfeffer würzen und beiseite stellen.

Zubereitung Rehmedaillons

- In der Bratpfanne auf dem Herd 2 Esslöffel Erdnussöl erhitzen.
- Rehmedaillons mit Salz und Pfeffer würzen und auf jeder Seite eine halbe Minute bei starker Hitze anbraten.
- Vom Herd nehmen und auf den Gitterrost legen.
- Den Gitterrost auf das Edelstahlblech stellen und beiseite stellen.
- Zur gewünschten Zeit die Rehmedaillons während $3^1/_2$ Minuten bei 230 °C Heissluft garen.
- Herausnehmen und beiseite stellen.

Anrichten

- Spinattartar in die Mitte von 4 flachen Tellern stürzen.
- Jeweils 3 Rehmedaillons pro Teller neben das Tartar legen und mit dem Pesto nappieren.
- 2 Esslöffel Olivenöl darüberträufeln und einige Pinienkerne darüberstreuen.
- Mit wenig Meersalz und grob zerstossenem Pfeffer aromatisieren.

Garstufen Spinat

mit Vorheizen – Auflage 1
3 Minuten 100 °C Dämpfen

Garstufen Champignons

mit Vorheizen – Auflage 2
3 Minuten 100 °C Dämpfen

Garstufen Rehmedaillons

mit Vorheizen – Auflage 1
3 $^1/_2$ Minuten 230 °C Heissluft

Spätzli mit Gemüsestreifen und Sauerkraut, fein geschnittenes Rippli mit Senfmarinade

Zutaten Spätzli

500 g	Mehl, gesiebt
4	Eier
3 dl	Milch
	Muskatnuss, Salz und Pfeffer
4 EL	Erdnussöl
50 g	Butter
200 g	Sauerkraut, roh
400 g	Rippli, gekocht, vom Metzger in sehr dünne Tranchen geschnitten
50 g	Lauch, in feine Streifen geschnitten
50 g	Karotten, geschält, in feine Streifen geschnitten
50 g	Knollensellerie, in feine Streifen geschnitten

Zutaten Senfmarinade

3 EL	Senf, grobkörnig
5 EL	Rahm
1 EL	Schalotten, fein gehackt
1 EL	glattblättrige Petersilie, grob gehackt
1 EL	Schnittlauch, fein geschnitten
2 EL	Olivenöl
	Salz und Pfeffer
1	kleiner Bund glattblättrige Petersilie (für Garnitur)

Zubereitung Spätzli

- 4 Eier und 3 dl Milch in eine grosse Schüssel geben und mit dem Handrührgerät gut vermischen.
- Das Mehl im Sturz zugeben und nochmals gut vermengen.
- Mit Muskatnuss, Salz und Pfeffer würzen und umrühren.
- Auf dem Herd in einem grossen Kochtopf genügend Salzwasser aufkochen.
- Den Spätzliteig mit einem Teighorn portionsweise durch das Spätzlisieb ins kochende Wasser schaben.
- Kurz aufkochen lassen und anschliessend die Spätzli durch ein Sieb abschütten.
- Mit viel kaltem Wasser abschrecken und beiseite stellen.
- Die Gemüsestreifen auf das Edelstahlblech legen und während 7 Minuten bei 100 °C dämpfen.
- Gleichzeitig 200 g Sauerkraut auf einem zweiten Edelstahlblech ausbreiten und während 30 Minuten bei 100 °C dämpfen.
- Herausnehmen und beiseite stellen.
- In einer grossen Bratpfanne auf dem Herd 4 Esslöffel Erdnussöl erhitzen und darin 50 g Butter zergehen lassen.
- Die Spätzli in die Bratpfanne geben, mit Salz und Pfeffer würzen und bei mittlerer Hitze anbraten.
- Die Gemüsestreifen und das Sauerkraut zugeben, nochmals mit Salz und Pfeffer abschmecken und gut anbraten.
- Vom Herd nehmen und beiseite stellen.

Zubereitung Senfmarinade

- Alle Zutaten in eine kleine Schüssel geben und gut mischen.
- Mit Salz und Pfeffer würzen und beiseite stellen.

Anrichten

- Die Spätzli mit einem Schöpflöffel auf 4 Pastateller verteilen.
- Das kalte Rippli fächerförmig darauf verteilen und mit Senfmarinade dünn bestreichen.
- Mit Petersilie garnieren.

Garstufen Gemüsestreifen

mit Vorheizen – Auflage 2
7 Minuten 100 °C Dämpfen

Garstufen Sauerkraut

mit Vorheizen – Auflage 1
30 Minuten 100 °C Dämpfen

Maccheroni mit Gemüse, fein geschnittenem Siedfleisch und Kürbiskernöl-Vinaigrette

Zutaten Maccheroni

350 g	Maccheroni
150 g	Karotten, geschält, in feine Streifen geschnitten
150 g	Gemüselauch, in feine Streifen geschnitten
150 g	Knollensellerie, geschält, in feine Streifen geschnitten
2 EL	Olivenöl
	Salz und Pfeffer

Zutaten Siedfleisch

800 g	Siedfleisch (Laffenblatt)
	Salz und Pfeffer

Zutaten Kürbiskernöl-Vinaigrette

8 EL	Kürbiskernöl
4 EL	Olivenöl
4 EL	Balsamico-Essig
1 EL	Schalotten, fein gehackt
1 EL	Schnittlauch, fein geschnitten
	Salz und Pfeffer

Zubereitung Siedfleisch

- ▷ Das Siedfleisch beidseitig mit Salz und Pfeffer würzen, auf das Edelstahlblech legen und während 90 Minuten bei 100 °C dämpfen.
- ▷ Aus dem Garraum nehmen und während 15 Minuten ruhen lassen.
- ▷ Mit einem scharfen Messer in sehr feine Tranchen schneiden und beiseite stellen.

Zubereitung Kürbiskernöl-Vinaigrette

- ▷ Alle Zutaten in einer Schüssel mischen, mit Salz und Pfeffer abschmecken und beiseite stellen.

Zubereitung Maccheroni

- ▷ Die Maccheroni in genügend Salzwasser im Kochtopf auf dem Herd al dente kochen.
- ▷ In ein Abtropfsieb abschütten und beiseite stellen.
- ▷ Die Gemüsestreifen gemischt auf dem Edelstahlblech verteilen, leicht salzen und während 6 Minuten bei 100 °C dämpfen.
- ▷ Aus dem Garraum nehmen, in einem Abtropfsieb gut abtropfen lassen und beiseite stellen.
- ▷ Vor dem Anrichten 2 Esslöffel Olivenöl in einer Saucenpfanne auf dem Herd erhitzen und die Maccheroni mit den Gemüsestreifen darin schwenken.
- ▷ Mit Salz und Pfeffer abschmecken und vom Herd nehmen.

Anrichten

- ▷ Die Maccheroni auf 4 Pastatellern anrichten.
- ▷ Gleichmässig mit Siedfleischtranchen bedecken und die Kürbiskernöl-Vinaigrette darauf verteilen.

Garstufen Siedfleisch

mit Vorheizen – Auflage 1
90 Minuten 100 °C Dämpfen

Garstufen Gemüsestreifen

mit Vorheizen – Auflage 1
6 Minuten 100 °C Dämpfen

Rhabarberdessert

Hinweis

▷ Das Zwiebackparfait muss mindestens einen halben Tag vor dem Servieren zubereitet werden.

Zubereitung Zwiebackparfait

▷ Das Ei, das Eigelb, den Zucker und das Vanillemark in eine Schüssel geben.
▷ Über einem heissen, nicht kochenden Wasserbad schaumig rühren, bis sich der Zucker aufgelöst hat.
▷ Vom Wasserbad nehmen und weiterschlagen, bis die Masse hell und schaumig ist.
▷ Den Schlagrahm vorsichtig darunterziehen.
▷ Die Zwiebackwürfel zufügen und mit der Masse vorsichtig vermengen.
▷ Die Masse in 4 Espressotassen oder Gratinförmchen füllen.
▷ Während 2 bis 3 Stunden im Tiefkühler fest werden lassen.

Zubereitung Rhabarbersuppe

▷ 100 g Rhabarberwürfel auf das Edelstahlblech legen, mit 2 Esslöffeln Zucker bestreuen und 10 Minuten bei 100 °C im Garraum dämpfen.
▷ Die restlichen 130 g Rhabarberwürfel auf ein zweites Edelstahlblech legen, mit einem Esslöffel Zucker bestreuen und nach 2 Minuten zum ersten Edelstahlblech geben.
▷ Beide Edelstahlbleche aus dem Garraum nehmen und etwas auskühlen lassen.
▷ Die erste Portion (100 g) Rhabarberwürfel mit dem Stand- oder Stabmixer fein pürieren.
▷ Zusammen mit der zweiten Portion (130 g) Rhabarberwürfel, dem Jogurt und dem Himbeersirup in einer Schüssel gut vermengen.
▷ In den Kühlschrank stellen.

Zubereitung Rhabarberkompott

▷ Die Rhabarberstängel auf einem Edelstahlblech verteilen, mit einem Esslöffel Zucker bestreuen und mit einem Esslöffel Himbeer- oder Grenadinesirup beträufeln.
▷ Während $7^1/_2$ Minuten bei 100 °C dämpfen.
▷ Aus dem Garraum nehmen und in ein Abtropfsieb schütten.
▷ Den Saft auffangen und in einer Saucenpfanne auf dem Herd mit einem Esslöffel Zucker sirupartig einkochen.
▷ Vom Herd nehmen, etwas auskühlen lassen die Rhabarberstängel wieder zufügen und beiseite stellen.

Zutaten Rhabarbersuppe

230 g	Rhabarber, geschält, gewürfelt
3 EL	Zucker
100 g	Jogurt nature
1 EL	Himbeersirup

Zutaten Zwiebackparfait

1	Ei
1	Eigelb
55 g	Zucker
$^1/_2$	Vanillestängel, nur das Mark verwenden
2,5 dl	Schlagrahm
2	Zwieback, gewürfelt

Zutaten Rhabarberkompott

150 g	Rhabarber, geschält, in Stängel von 3 cm Länge geschnitten
2 EL	Zucker
1 EL	Himbeer- oder Grenadinesirup

Anrichten

▷ Die Rhabarbersuppe in 4 Kaffee- oder Suppentassen oder kleine Bowlen abfüllen und diese auf 4 flache Teller stellen.
▷ Die Förmchen mit dem Zwiebackparfait kurz in heisses Wasser tauchen und anschliessend neben die Tassen oder Bowlen auf die Teller stürzen.
▷ Das Rhabarberkompott daneben anrichten.

Garstufen Rhabarbersuppe

mit Vorheizen – Auflage 1
10 Minuten 100 °C Dämpfen

mit Vorheizen – Auflage 3
8 Minuten 100 °C Dämpfen

Garstufen Rhabarberkompott

mit Vorheizen – Auflage 1
7 $^1/_2$ Minuten 100 °C Dämpfen

Beerengratin mit Jogurt-Limetten-Parfait

Zutaten Jogurt-Limetten-Parfait

1	Ei
1	Eigelb
55 g	Zucker
100 g	Jogurt nature
2,5 dl	Schlagrahm
100 g	Beerenpüree nach Wahl, z. B. Erdbeeren, Brombeeren, Himbeeren oder gemischt
1	Limette, nur Saft und Zeste

Zutaten Beerengratin

4	Eigelb
2 EL	Staubzucker
2 EL	Quark oder Doppelrahm
1	Limette, nur Zeste, fein gehackt
12	Löffelbiskuits
400 g	Beeren nach Wahl, z. B. Erdbeeren, Brombeeren, Himbeeren, gewaschen

Zubereitung Jogurt-Limetten-Parfait

▷ Das Ei, das Eigelb und den Zucker in eine erste Schüssel geben und über einem heissen, nicht kochenden Wasserbad mit dem Schwingbesen leicht schaumig schlagen.
▷ Vom Wasserbad nehmen und weiterschlagen, bis die Masse hell und luftig wird.
▷ In einer zweiten Schüssel den Jogurt, den Schlagrahm und das Beerenpüree mit dem Saft und der Zeste der Limette mischen und anschliessend vorsichtig unter die Eimasse ziehen.
▷ In 4 Kaffeetassen abfüllen und während mindestens 6 Stunden im Eisfach gefrieren lassen.

Zubereitung Beerengratin

▷ Die Eier, den Staubzucker, den Quark oder den Doppelrahm und die Limettenzeste in eine Schüssel geben und gut mischen.
▷ Jeweils 3 Löffelbiskuits in 4 Schalen legen und die Beeren darüber verteilen.
▷ Mit der Gratinmasse überziehen und die Teller auf 2 Gitterroste stellen.
▷ Während 10 Minuten bei 230 °C Heissluft gratinieren, bis die Masse eine goldbraune Farbe angenommen hat.
▷ Aus dem Garraum nehmen.

Anrichten

▷ Die Schalen mit dem Beerengratin auf 4 flache Teller stellen. Die Jogurt-Limetten-Parfaits auf die Teller stürzen und sofort servieren.

Garstufen Beerengratin

mit Vorheizen – Auflage 1 und 3
10 Minuten 230 °C Heissluft

Aprikosenschnitte mit Kompott

Zutaten Aprikosenschnitte

125 g	Butter
175 g	weisse Schokolade, gehackt
4	Eier
125 g	Zucker
200 g	Mehl, gesiebt
1 TL	Backpulver, gesiebt
1 Prise	Salz
100 g	getrocknete Aprikosen, gewürfelt
	Butter zum Bepinseln des Kuchenbleches

Zutaten Aprikosenkompott

100 g	Zucker
1 dl	Wasser
1	Zitrone, nur Zeste, gehackt
$^1/_4$	Vanillestängel
300 g	frische Aprikosen, Stein entfernt, geviertelt

Zubereitung Aprikosenschnitte

▷ Die Butter und die weisse Schokolade in die Schüssel geben und über einem heissen, nicht kochenden Wasserbad unter gelegentlichem Umrühren auflösen, bis die Masse glatt ist und glänzt.

▷ Vom Wasserbad nehmen, etwas auskühlen lassen und mit den Eiern und dem Zucker gut vermischen.

▷ Anschliessend das Mehl, das Backpulver, eine Prise Salz und die Aprikosenwürfel beifügen und gut vermengen.

▷ Die Masse in ein mit Butter bepinseltes und mit Backpapier ausgelegtes Kuchenblech füllen.

▷ Während 20 bis 25 Minuten bei 180 °C Heissluft backen. (Die Nadelprobe machen: Eine Nadel in die Aprikosenschnitte stecken; beim Herausziehen darf kein Teig an der Nadel kleben).

▷ Aus dem Garraum nehmen und auskühlen lassen.

Zubereitung Aprikosenkompott

▷ Alle Zutaten in die Saucenpfanne geben und auf dem Herd aufkochen.

▷ Während 2 bis 3 Minuten bei mittlerer Hitze köcheln lassen, bis die Aprikosen weich sind.

▷ Vom Herd nehmen und in ein Abtropfsieb abschütten. Dabei den Saft auffangen, zurück in die Saucenpfanne geben und auf dem Herd sirupartig einreduzieren.

▷ Vom Herd nehmen, die Aprikosenviertel zugeben, vorsichtig mischen und beiseite stellen.

Anrichten

▷ Die Aprikosenschnitte in Stücke schneiden und auf 4 flache Teller geben.

▷ Das Kompott rundum anrichten.

Garstufen Aprikosenschnitte

mit Vorheizen – Auflage 1
20 bis 25 Minuten 180 °C Heissluft

Honigflan mit Orangensalat

Zutaten Honigflan

1	Zwieback, zerbröckelt
2,5 dl	Milch
6 EL	Blütenhonig
$^1/_2$	Vanillestängel
4	Eier
1 EL	Grand Marnier (Orangenlikör)
$^1/_2$	Orange, nur Zeste der Schale, fein gehackt

Zutaten Orangensalat

4	Orangen, geschält, filetiert
1	Saft einer Orange
$^1/_2$	Vanillestängel
2 EL	Blütenhonig
	Pinienkerne
	Pfefferminzblätter (für Garnitur)

Zubereitung Honigflan

- ▷ 4 Eier in einer Schüssel mit einem Schwingbesen verquirlen und beiseite stellen.
- ▷ Milch mit Blütenhonig und Vanillestängel in einer Saucenpfanne auf dem Herd aufkochen.
- ▷ Vom Herd nehmen und zu den Eiern einrühren.
- ▷ Alles durch ein feines Drahtsieb in eine zweite Schüssel passieren.
- ▷ Den Orangenlikör und die Orangenzeste zugeben und umrühren.
- ▷ Den zerbröckelten Zwieback auf 4 Kaffeetassen verteilen.
- ▷ Anschliessend die Milch-Ei-Masse mit einem kleinen Suppen-Schöpflöffel darübergiessen.
- ▷ Die 4 Tassen auf das Edelstahlblech stellen und mit Klarsichtfolie gut abdecken.
- ▷ Während 15 Minuten bei 95 °C dämpfen.
- ▷ Aus dem Garraum nehmen und beiseite stellen.

Zubereitung Orangensalat

- ▷ Den Orangensaft mit 2 Esslöffeln Blütenhonig und einem halben Vanillestängel in einer Saucenpfanne auf dem Herd reduzieren, bis eine sirupartige Flüssigkeit entsteht.
- ▷ Vom Herd nehmen, über die vorbereiteten Orangenfilets giessen und beiseite stellen.
- ▷ Die Pinienkerne auf dem Edelstahlblech verteilen und während 8 Minuten bei 180 °C Heissluft rösten.
- ▷ Aus dem Garraum nehmen und beiseite stellen.

Anrichten

- ▷ Die Honigflans auf 4 flache, mittelgrosse Teller stürzen.
- ▷ Mit einem Schöpflöffel den Orangensalat daneben anrichten, mit Pinienkernen und Pfefferminzblättern garnieren.

Garstufen Honigflan

mit Vorheizen – Auflage 1
15 Minuten 95 °C Dämpfen

Garstufen Pinienkerne

mit Vorheizen – Auflage 1
8 Minuten 180 °C Heissluft

Pochierte Bananen im Töpfchen mit gebratenen Mangoschnitzen

Zutaten pochierte Bananen

1	kleine Banane,
	1/2 davon grob gewürfelt, mit wenig Wasser im Mixer püriert,
	1/2 davon fein gewürfelt
1	gehäufter EL Zucker
2	Eier
4 EL	Rahm
10 g	Bitterschokolade, fein gewürfelt

Zutaten gebratene Mangoschnitze

25 g	Mehl
50 g	Kokosflocken
1	Mango, geschält, in 5 mm breite Schnitze geschnitten
1	Eiweiss
1 EL	Zucker
50 g	Butter

Zubereitung pochierte Bananen

▷ Das Bananenpüree in eine Schüssel geben.
▷ Zucker, Eier und Rahm zufügen und mit dem Schwingbesen gut verrühren.
▷ Die Bananen- und die Schokoladenwürfel vorsichtig untermischen und die Masse mit einem kleinen Schöpflöffel auf 4 Förmchen verteilen.
▷ Die Förmchen auf ein Edelstahlblech stellen.
▷ Einzeln mit Klarsichtfolie abdecken und während 14 Minuten bei 95 °C dämpfen.
▷ Herausnehmen und Klarsichtfolie entfernen.
▷ Auskühlen lassen und beiseite stellen.

Zubereitung gebratene Mangoschnitze

▷ Das Mehl und die Kokosflocken in zwei separate Schüsseln geben und beiseite stellen.
▷ Eiweiss und Zucker in eine dritte Schüssel geben und mit dem Schwingbesen leicht aufschlagen.
▷ Die Mangoschnitze zuerst im Mehl wenden und gut abklopfen.
▷ Anschliessend ins Eiweiss geben, wenden und etwas abtropfen lassen.
▷ Zum Schluss in den Kokosflocken wenden und diese gut andrücken.
▷ 50 g Butter in einer Bratpfanne auf dem Herd zergehen lassen und die Mangoschnitze darin bei mittlerer Hitze während ca. einer Minute pro Seite goldgelb ausbacken.
▷ Aus der Bratpfanne nehmen und auf ein Stück Haushaltspapier legen, damit die überschüssige Butter aufgesogen wird.
▷ Beiseite stellen.

Anrichten

▷ Die Mangoschnitze auf 4 flachen, mittelgrossen Tellern anrichten.
▷ Die pochierten Bananen im Töpfchen dazustellen.
▷ Dazu passen Bananenglace, Schokoladenbrot.

Garstufen pochierte Bananen

mit Vorheizen – Auflage 2
14 Minuten 95 °C Dämpfen

Gebrannte Kastaniencreme

Zutaten karamellisierte Kastanien

100 g	Zucker
3 dl	Wasser
200 g	Kastanien, geschält

Zutaten Kastaniencreme

2,5 dl	Rahm
35 g	Zucker
$^1/_2$	Vanillestängel
4	Eigelb
1 EL	Kirsch
75 g	Kastanienpüree
8 EL	Zucker zum Karamellisieren

Zutaten Garnitur

2	Feigen, geschält, geviertelt

Zubereitung karamellisierte Kastanien

▷ 100 g Zucker in der Saucenpfanne auf dem Herd auflösen und karamellisieren.
▷ Mit 3 dl Wasser ablöschen und die geschälten Kastanien zugeben.
▷ Während ca. 20 Minuten bei mittlerer Hitze weich kochen.
▷ Anschliessend die Kastanien herausnehmen und den Karamell einreduzieren, bis eine sirupartige Flüssigkeit entsteht.
▷ Vom Herd nehmen und beiseite stellen.
▷ Einen Viertel der Kastanien in kleine Würfel schneiden und beiseite stellen.
▷ Den Rest halbieren, zum Karamell geben und beiseite stellen.

Zubereitung Kastaniencreme

▷ Die Eigelbe in eine Schüssel schlagen, mit dem Schwingbesen verquirlen und beiseite stellen.
▷ $^1/_2$ Vanillestängel auskratzen und zusammen mit dem Rahm und mit 35 g Zucker in einer Saucenpfanne auf dem Herd aufkochen. Zu den Eigelben geben und gut umrühren.
▷ Durch ein Drahtsieb in eine zweite Schüssel passieren.
▷ Das Kastanienpüree und einen Esslöffel Kirsch zugeben und alles gut mischen.
▷ Die vorbereiteten Kastanienwürfel auf 4 Schalen verteilen und die Kastaniencreme darübergiessen.
▷ Die Schalen einzeln mit Klarsichtfolie abdecken und auf 2 Edelstahlbleche stellen.
▷ Während 17 Minuten bei 95 °C dämpfen.
▷ Aus dem Garraum nehmen, die Folie entfernen und gut auskühlen lassen.
▷ Die Oberfläche der Creme mit Haushaltspapier vorsichtig trocknen.
▷ Mit 2 Esslöffeln Zucker pro Schale bestreuen.
▷ Mit einem Gasbrenner den Zucker abflammen, bis er karamellisiert und goldbraun ist.
▷ Alternative: Bei 250 °C Grill im Backofen karamellisieren, bis die Oberfläche goldbraun ist.

Anrichten

▷ Die Kastaniencreme in 4 Schalen geben und mit je 5 Feigenschnitzen garnieren.

Garstufen Kastaniencreme

mit Vorheizen – Auflage 1 und Auflage 3
17 Minuten 95 °C Dämpfen

Gebrannte Creme mit Zuger Kirsch und Kirschenkompott

Zutaten gebrannte Creme

4 dl	Vollrahm
60 g	Zucker
1/2	Vanillestängel, nur das Mark verwenden
6	Eigelb
	wenig Kirsch (zum Parfümieren)
	Zucker zum Karamellisieren

Zutaten Kirschenkompott

150 g	Kirschen, entsteint
30 g	Zucker
1 dl	Rotwein
1/2	Zimtstängel
	wenig Amaretto

Zutaten Hüppencornet

1	Eiweiss
25 g	Butter
25 g	Staubzucker, gesiebt
25 g	Mehl, gesiebt
	wenig gehobelte Mandeln

Zubereitung gebrannte Creme

▷ Den Rahm, den Zucker und das Vanillemark in einer Saucenpfanne auf dem Herd aufkochen lassen.
▷ Vom Herd nehmen und in eine Schüssel giessen.
▷ Die Eigelbe beifügen und alles gut verrühren. Mit etwas Kirsch parfümieren.
▷ Durch ein Küchensieb passieren und auf 4 Suppenschalen verteilen.
▷ Die Teller mit der Klarsichtfolie abdecken und auf die Edelstahlbleche stellen.
▷ Während 20 Minuten bei 90 °C dämpfen.
▷ Aus dem Garraum nehmen, die Klarsichtfolie entfernen und die Creme erkalten lassen.
▷ Vor dem Servieren die Creme grosszügig mit Zucker bestreuen und mit dem Gasbrenner oder im Backofen kurz auf der Stufe «Grill» karamellisieren und beiseite stellen.

Zubereitung Kirschenkompott

▷ Den Zucker in einer Saucenpfanne auf dem Herd leicht karamellisieren lassen.
▷ Mit dem Rotwein ablöschen und die halbe Zimtstange zufügen.
▷ Leicht köcheln lassen, bis sich der Zucker aufgelöst hat.
▷ Die Kirschen zugeben und 10 Minuten weiterköcheln lassen, bis die Flüssigkeit etwas einreduziert ist.
▷ Vom Herd nehmen, mit wenig Amaretto parfümieren, auskühlen lassen und beiseite stellen.

Zubereitung Hüppencornet

▷ Alle Zutaten in eine Schüssel geben und glatt rühren.
▷ Während 20 Minuten im Kühlschrank ruhen lassen.
▷ Anschliessend die Masse in 4 Rondellen mit je einem Durchmesser von 10 cm dünn auf Backpapier ausstreichen und mit wenig Mandeln bestreuen.
▷ Während 8 Minuten bei 180 °C Heissluft backen.
▷ Aus dem Garraum nehmen, vom Edelstahlblech lösen und sofort mit den Händen zu einem Cornet formen (sobald die Hüppe abkühlt, ist sie nicht mehr formbar) und beiseite stellen.

Anrichten

▷ Die Hüppencornets mit dem Kirschenkompott füllen.
▷ Das Cornet jeweils mit der Öffnung zur Tellermitte auf die gebrannte Creme anrichten.

Garstufen gebrannte Creme

mit Vorheizen – Auflage 1 und 3
20 Minuten 90 °C Dämpfen

Garstufen Hüppencornet

mit Vorheizen – Auflage 1 und 3
8 Minuten 180 °C Heissluft

Apfeljalousie mit Birnenschnitzen und Vanillesauce

Zutaten Apfeljalousie

150 g	Blätterteig, rechteckig ausgewallt (24 x 37 cm), längs halbiert
1	Apfel, geschält, Gehäuse entfernt, in Schnitze geschnitten
3 dl	Süssmost
45 g	Zucker
$^1/_2$	Zimtstängel
$^1/_2$	Vanillestängel
1,25 dl	Milch
15 g	Cremepulver
1	Ei, verquirlt

Zutaten Birnenschnitze

2	Birnen, geschält, Gehäuse entfernt, in Schnitze geschnitten
	entstandener Saft von den Apfelschnitzen

Zutaten Vanillesauce

1,5 dl	Rahm
$^1/_4$	Vanillestängel
2	Eigelb
30 g	Zucker

Zubereitung Apfeljalousie

▷ Blätterteig längs falten und wieder aufklappen.
▷ Eine Längsseite bis zur entstandenen Falte umlegen, sodass eine Hälfte des Teiges wiederum halbiert ist.
▷ Nun ein kleines Messer auf der doppellagigen Hälfte 1 cm vom Rand und 1,5 cm von der Mitte entfernt ansetzen und bis zur Falte einschneiden.
▷ Auf der ganzen Breite in einem Abstand von 1 cm wiederholen.
▷ Anschliessend den Teig wieder aufklappen (auf der einen Hälfte ist ein lamellenartiges Muster entstanden) und beiseite stellen.

▷ 0,55 dl Milch mit 15 g Cremepulver in eine Schüssel geben und mit einem Schwingbesen glatt rühren.
▷ 0,70 dl Milch und 30 g Zucker in einer Saucenpfanne auf dem Herd aufkochen.
▷ Vom Herd nehmen und zum angerührten Cremepulver geben.
▷ Gut mischen, alles zurück in die Saucenpfanne geben und bei mittlerer Hitze unter ständigem Umrühren erhitzen, bis die Creme fest wird.
▷ Vom Herd nehmen, auskühlen lassen und in den Kühlschrank stellen.

▷ Süssmost, 15 g Zucker, Vanille- und Zimtstängel in eine Saucenpfanne geben und auf dem Herd aufkochen lassen.
▷ Die Apfelschnitze zugeben und während ca. 3 Minuten weich kochen.
▷ Vom Herd nehmen und durch ein Sieb abschütten.
▷ Dabei den Saft auffangen, Zimt- und Vanillestängel wieder zugeben und bereithalten für die Birnenschnitze. Die Apfelschnitze ebenfalls beiseite stellen.

▷ Nun die vorbereitete Creme mit einem Spritzsack auf eine Blätterteighälfte dressieren. Dabei rundum einen Rand von 1,5 cm frei lassen.
▷ Die Apfelschnitze auf die Creme legen und die Ränder mit Wasser bepinseln.
▷ Die zweite Blätterteighälfte mit dem Lamellenmuster bündig über das belegte Blätterteigstück legen und den Rand mit einer Gabel festdrücken.
▷ Die Jalousie mit dem verquirlten Ei bestreichen und auf das mit Backpapier belegte Edelstahlblech legen.
▷ Während 10 Minuten bei 220 °C Heissluft mit Beschwaden backen. Anschliessend 10 Minuten bei 220 °C Heissluft fertig backen und herausnehmen.

Zubereitung Birnenschnitze

- ▷ Den Apfelfond in einer Saucenpfanne auf dem Herd aufkochen und anschliessend die Birnenschnitze darin während ca. 3 Minuten weich kochen.
- ▷ Vom Herd nehmen und durch ein Sieb passieren. Zimt- und Vanillestängel entfernen.
- ▷ Die Birnenschnitze bereithalten (der Fond kann anderweitig verwendet werden).

Zubereitung Vanillesauce

- ▷ 1,5 dl Rahm und einen Viertel Vanillestängel in eine Saucenpfanne geben und auf dem Herd aufkochen.
- ▷ 2 Eigelb mit 30 g Zucker in eine Schüssel geben und mit dem Schwingbesen gut verrühren.
- ▷ Den heissen Rahm vom Herd nehmen und langsam in die Masse einrühren.
- ▷ Durch ein Sieb passieren und zurück in die Saucenpfanne geben.
- ▷ Auf dem Herd bei schwacher Hitze und unter ständigem Umrühren während 10 Minuten köcheln lassen.
- ▷ Vom Herd nehmen, vollständig auskühlen lassen und beiseite stellen.

Anrichten

- ▷ Die Apfeljalousie mit einem Brotmesser in 8 Stücke schneiden und je 2 Stück pro Teller auf einer Seite anrichten.
- ▷ Auf der anderen Seite der Teller die Birnenschnitze verteilen.
- ▷ Die Apfeljalousie mit der Vanillesauce umgeben.

Garstufen Apfeljalousie

mit Vorheizen – Auflage 2

10 Minuten	220 °C Heissluft mit Beschwaden
10 Minuten	220 °C Heissluft

Italienischer Brotauflauf

Zubereitung

- Doppelrahm, Eier, Zucker und Milch in eine Schüssel geben und mit einem Schwingbesen gut verrühren.
- Die Orangenzeste, das Vanillemark und das Zimtpulver dazugeben.
- Gut unterrühren und beiseite stellen.
- Die Apfelschnitze in einer gebutterten Gratinform verteilen und mit dem Zwieback bedecken.
- Die Doppelrahmmasse darüber verteilen und den Gratin während 20 Minuten bei 180 °C Heissluft auf dem Gitterrost backen.
- Herausnehmen und beiseite stellen.

Anrichten

- Den Gratin auf 4 mittelgrosse, flache Teller verteilen.

Zutaten

2	kleine Äpfel, geschält, Kerngehäuse entfernt, in Schnitze geschnitten
75 g	Zucker
2 EL	Milch
3 dl	Doppelrahm
2	Eier
$^{1}/_{4}$	Vanillestängel
$^{1}/_{2}$ TL	Zimtpulver
1	Orange, von der Schale Zeste abgezogen, gehackt
100 g	Zwieback
1 EL	weiche Butter für die Gratinform

Garstufen Brotgratin

mit Vorheizen – Auflage 2
20 Minuten 180 °C Heissluft

Zwetschgen-Quark-Streuselkuchen mit Zwetschgenkompott

Zutaten Hefeteig

150 g	Mehl
15 g	Hefe
75 g	lauwarme Milch
10 g	weiche Butter
1	Ei verquirlen, davon die Hälfte zugeben, den Rest beim Quarkbelag verwenden
15 g	Zucker
1 Prise	Salz

Zutaten Quarkbelag

300 g	Magerquark
60 g	Zucker
30 g	Butter, flüssig, lauwarm
15 g	Maizena
1	Ei
1 Prise	Salz
1 TL	Vanillezucker
	Butter und Mehl für das Kuchenblech
500 g	Zwetschgen, entsteint, in Schnitze geschnitten

Zutaten Streusel

175 g	Mehl, gesiebt
100 g	Zucker
100 g	Butter, zimmerwarm, gewürfelt
	Puderzucker zum Bestäuben

Zutaten Zwetschgenkompott

400 g	Zwetschgen, entsteint, in Schnitze geschnitten
4 dl	Rotwein
$^1/_2$	Zimtstängel
$^1/_2$	Vanillestängel
200 g	Zucker
$^1/_2$	Orange, Schale geraffelt, Saft ausgepresst

Zubereitung Hefeteig

▷ Zuerst das Mehl und dann die restlichen Zutaten in eine Schüssel geben und zu einem glatten Teig kneten.
▷ Zugedeckt an einem warmen Ort während 30 Minuten ruhen lassen, bis der Teig die doppelte Grösse erreicht hat.
▷ Anschliessend den Teig auswallen, flach in das gebutterte und mit Mehl bestäubte Kuchenblech legen und mit einer Gabel einstechen.
▷ Beiseite stellen.

Zubereitung Quarkbelag

▷ Zucker und Maizena in eine Schüssel geben und gut mischen.
▷ Anschliessend den Quark, die flüssige Butter, das Ei und den Vanillezucker zugeben und mit dem Schwingbesen zu einer homogenen Masse verrühren.
▷ In den Kühlschrank stellen.

Zubereitung Streusel

▷ Alle Zutaten in eine Schüssel geben und mit den Händen verreiben, bis eine krümelige Masse entsteht. Beiseite stellen.

Zubereitung Zwetschgenkompott

▷ Den Zucker in einer Saucenpfanne auf dem Herd bei schwacher Hitze leicht karamellisieren.
▷ Mit dem Rotwein ablöschen, gut umrühren und die Gewürze zufügen.
▷ Geraffelte Schale und den Saft der halben Orange ebenfalls zugeben und alles zusammen erhitzen.
▷ Kurz vor dem Kochen die Zwetschgenschnitze zugeben und aufkochen lassen.
▷ Vom Herd nehmen und auskühlen lassen.
▷ Durch das Abtropfsieb abgiessen und den Saft in einer Schüssel auffangen. Die Gewürze entfernen und die Zwetschgen beiseite stellen.
▷ Den Saft zurück in die Saucenpfanne geben und auf dem Herd einkochen lassen, bis eine leichte sirupartige Flüssigkeit entsteht.
▷ Vom Herd nehmen, die Zwetschgen zugeben und beiseite stellen.

Fertigstellung

- ▷Mit einem Suppenlöffel die Quarkmasse auf den Hefeteig verteilen.
- ▷Die Zwetschgenschnitze darauflegen und die Streusel darübergeben.
- ▷Anschliessend auf dem Gitterrost während 45 bis 50 Minuten bei 180 °C Heissluft goldbraun backen.
- ▷Aus dem Garraum nehmen und etwas abkühlen lassen.
- ▷Aus dem Kuchenblech lösen und auf einem Kuchengitter vollständig erkalten lassen.

Anrichten

- ▷Den Streuselkuchen mit Puderzucker bestäuben. In Stücke schneiden und je ein Stück auf einen Teller legen.
- ▷Mit einem Schöpflöffel das Zwetschgenkompott in Schüsselchen verteilen und neben den Kuchenstücken anrichten.
- ▷Zu dieser Süssspeise passen Vanilleglace oder Zwetschgensorbet.

Garstufen Streuselkuchen

mit Vorheizen – Auflage 2
45 bis 50 Minuten 180 °C Heissluft

Zwetschgentörtchen und Sauerrahm-Parfait mit Sauerrahm-Sauce

Zutaten Zwetschgentörtchen

200 g	Blätterteig
250 g	Zwetschgen, entsteint
50 g	Mandelmasse (fertig gekauft)
3 EL	Wasser
1	Ei
	wenig Salz, Zucker
	Zucker zum Bestreuen

Zutaten Sauerrahm-Parfait

100 g	Zucker
50 g	Wasser
2	Eigelb
2 EL	Vieille Prune
2,5 dl	Schlagrahm
1,5 dl	Sauerrahm

Zutaten Sauerrahm-Sauce

1 dl	Sauerrahm
10 g	Staubzucker
2 EL	Vollrahm
	wenig Zitronensaft

Zutaten Garnitur

1 EL	Pistazienkerne gehackt

Hinweis

▷ Das Sauerrahm-Parfait muss am Vortag zubereitet werden.

Zubereitung Sauerrahm-Parfait

▷ Aus Backpapier 4 Quadrate mit einer Kantenlänge von 30 cm ausschneiden.
▷ Jedes Quadrat diagonal halbieren und aus den entstandenen Dreiecken zylinderförmige Tüten formen und mit einem Bostitch am oberen Rand fixieren.
▷ Jede Tüte in ein Glas stellen und beiseite stellen.
▷ Die Eigelbe in der Schüssel schaumig schlagen.
▷ Den Zucker und das Wasser in die Saucenpfanne geben und auf dem Herd sirupartig einkochen.
▷ Vom Herd nehmen und sofort zum geschlagenen Eigelb geben.
▷ Die Mischung kalt schlagen, bis sie dicklich weiss ist.
▷ Den Sauerrahm zugeben und mit dem Vieille Prune parfümieren.
▷ Den Schlagrahm vorsichtig unterheben und die Masse in die vorbereiteten Tüten abfüllen.
▷ Über Nacht im Tiefkühler gefrieren lassen.

Zubereitung Zwetschgentörtchen

▷ Den Blätterteig auf ca. 4 mm Dicke ausrollen und 10 Minuten kühl stellen.
▷ 4 Rondellen (Durchmesser 10 cm) ausstechen. Mit einer Gabel in der Mitte einstechen und anschliessend wieder kühl stellen.
▷ Die Mandelmasse mit dem Wasser anrühren, in den Dressiersack füllen und in die Mitte der Rondellen dressieren (einen Rand von ca. 2 cm frei lassen).
▷ Das Ei mit wenig Salz und Zucker verquirlen und mit dem Küchenpinsel auf den Rand auftragen.
▷ Die Zwetschgen in kleine Schnitze schneiden und rosenartig auf die Mandelmasse legen.
▷ Zwetschgen und Rand grosszügig mit Zucker bestreuen.
▷ Die Törtchen auf das Kuchenblech legen und während 10 Minuten bei 230 °C Heissluft backen.
▷ Aus dem Garraum nehmen und beiseite stellen.

Zubereitung Sauerrahm-Sauce

▷ Alle Zutaten in einer Schüssel gut miteinander verrühren, sodass eine flüssige Sauce entsteht und beiseite stellen.

Anrichten

- ▷ Das Törtchen in die Mitte des Tellers legen.
- ▷ Das Sauerrahm-Parfait aus dem Tiefkühler nehmen.
- ▷ Das Backpapier vorsichtig ablösen und mit dem dickeren Ende nach unten (evtl. gerade Fläche schneiden) auf den Teller stellen.
- ▷ Die Sauce mit einem Esslöffel rund um das Törtchen verteilen.
- ▷ Mit gehackten Pistazien garnieren.

Garstufen Zwetschgentörtchen

mit Vorheizen – Auflage 1
10 Minuten 230 °C Heissluft

Beerencake

Zubereitung

- Die Butter und den Zucker in eine erste Schüssel geben und mit dem Handrührgerät schaumig schlagen, bis die Masse hell wird.
- Unter stetigem Rühren die Eier, das Mehl und das Backpulver beifügen.
- In einer zweiten Schüssel den Quark mit der Milch und dem Zimtpulver gut mischen und mit der Teigmasse vermengen.
- Zuletzt die Beeren beifügen und vorsichtig von Hand unterziehen.
- In die gebutterte und mit Backpapier ausgelegte Cakeform füllen.
- Auf den Gitterrost stellen und während 45 Minuten bei 180 °C Heissluft und Beschwaden backen. (Die Nadelprobe machen: Eine Nadel in den Cake stecken; beim Herausziehen soll kein Teig an der Nadel kleben.)
- Aus dem Garraum nehmen und auskühlen lassen.

Zutaten

100 g	Butter, zimmerwarm
100 g	Zucker
2	Eier
150 g	Mehl, gesiebt
$1^1/_2$ TL	Backpulver, gesiebt
100 g	Quark
30 g	Milch
1 TL	Zimtpulver
175 g	Beeren nach Wahl, z. B. Erdbeeren, Brombeeren, Himbeeren usw. gewaschen
	Butter zum Bepinseln der Cakeform

Garstufen Beerencake

mit Vorheizen – Auflage 1
45 Minuten 180 °C Heissluft mit Beschwaden, Dampf EIN

Orangencake

Zubereitung

- Die zimmerwarme Butter mit 110 g Zucker in eine erste Schüssel geben und mit dem Handrührgerät schaumig schlagen, bis die Masse hell wird.
- Die Eier trennen und die Eigelbe nach und nach unter Rühren beifügen.
- Das Mehl, das Backpulver und eine Prise Salz zugeben und vermengen.
- Den Orangensaft und die Orangenzeste beifügen und alles vermengen.
- In einer zweiten Schüssel 3 Eiweiss mit dem restlichen Zucker steif schlagen und unter die Masse ziehen.
- In die gebutterte und mit Backpapier ausgelegte Cakeform füllen und während 50 Minuten bei 180 °C Heissluft backen. (Die Nadelprobe machen: Eine Nadel in den Cake stecken; beim Herausziehen soll kein Teig an der Nadel kleben.)
- Aus dem Garraum nehmen und auskühlen lassen.

Zutaten

150 g	Butter, zimmerwarm
150 g	Zucker
3	Eier
280 g	Mehl
2 TL	Backpulver
1 Prise	Salz
2 dl	Orangensaft
1	Orange, von der Schale Zeste abgezogen
	Butter zum Bepinseln der Cakeform

Garstufen Orangencake

mit Vorheizen – Auflage 1
50 Minuten 180 °C Heissluft

Nussbrot

Zubereitung

- Das Ruchmehl, das Vollkornmehl und einen Kaffeelöffel Salz in eine grosse Schüssel geben und gut mischen.
- Die Hefe im lauwarmen Wasser auflösen und mit dem Olivenöl zum Mehl geben.
- Alles zusammen zu einem elastischen Teig kneten.
- Mit einem Küchentuch bedeckt an einem warmen Ort während einer Stunde gehen lassen, bis der Teig das doppelte Volumen erreicht hat.
- Anschliessend grob gehackte Nüsse und Mandeln in den Teig einkneten.
- Den Teig mit den Händen zu einer gleichmässigen Rolle formen und zu einem Ring schliessen.
- Den Brotring mit Wasser bestreichen, mit Mehl bestäuben und auf das mit Backpapier belegte Edelstahlblech legen.
- Das Nussbrot in den kalten Garraum geben und während 32 Minuten bei 210 °C Profi-Backen backen.
- Aus dem Garraum nehmen und auskühlen lassen.
- Nach dem Auskühlen schräg in ca. 2 cm dicke Scheiben schneiden.

Zutaten

200 g	Ruchmehl
50 g	Vollkornmehl
1 TL	Salz
10 g	Hefe
1,5 dl	Wasser, lauwarm
1 EL	Olivenöl
20 g	Baumnüsse, grob gehackt
20 g	Haselnüsse, grob gehackt
20 g	Mandeln, grob gehackt
	Mehl zum Bestäuben

Garstufen Nussbrot

ohne Vorheizen – Auflage 2
32 Minuten 210 °C Profi-Backen

Kürbiskernbrot

Zubereitung

- Mehl, Kürbiskerne und Salz in eine Schüssel geben, vermengen und mit den Händen in der Mitte eine Mulde formen.
- Die Hefe durch Umrühren im lauwarmen Wasser auflösen und in die Mitte der Mulde geben.
- 5 Esslöffel Kürbiskernöl zugeben und alles von der Mitte her mit den Händen zu einem geschmeidigen Teig kneten.
- Mit einem Küchentuch bedeckt an einem warmen Ort während einer Stunde gehen lassen, bis der Teig das doppelte Volumen erreicht hat.
- Anschliessend den Teig halbieren und zu 2 gleichmässigen, länglichen Broten formen.
- Jedes Brot oben mit einem kleinen Messer dreimal schräg einschneiden und auf das mit Backpapier belegte Edelstahlblech legen.
- Das Edelstahlblech mit den Broten in den kalten Garraum schieben und während 35 Minuten bei 210 °C Profi-Backen.
- Herausnehmen, etwas auskühlen lassen und lauwarm servieren.

Zutaten

500 g	Weissmehl, gesiebt
20 g	Hefe
3 dl	Wasser, lauwarm
15 g	Salz
40 g	Kürbiskerne
5 EL	Kürbiskernöl

Garstufen Kürbiskernbrot

ohne Vorheizen – Auflage 1
35 Minuten 210 °C Profi-Backen

Rosmarin-Kartoffel-Brot

Zubereitung

- Mehl und 15 g Salz in eine Schüssel geben und mit den Händen in der Mitte eine Mulde formen.
- Die Hefe durch Umrühren im lauwarmen Wasser auflösen und in die Mulde geben.
- Von der Mitte her die Masse zu einem geschmeidigen Teig kneten.
- Mit einem Küchentuch bedeckt an einem warmen Ort während einer Stunde gehen lassen, bis der Teig das doppelte Volumen erreicht hat.
- Die Kartoffelwürfel in dem gelochten Garbehälter verteilen und leicht salzen.
- Während 45 Minuten bei 100 °C dämpfen.
- Herausnehmen, durch das Passevite in eine grosse Schüssel passieren und beiseite stellen.
- Das Kartoffelpüree und den gehackten Rosmarin mit dem Olivenöl unter den Brotteig kneten.
- Diesen halbieren und zu 2 gleichmässigen, länglichen Broten formen.
- Jedes Brot mit einem kleinen Messer oben dreimal schräg einschneiden und auf das mit Backpapier belegte Edelstahlblech legen.
- Heizart Profi-Backen 210 °C starten und die Brote während 45 Minuten backen.
- Herausnehmen, etwas auskühlen lassen und lauwarm servieren.

Hinweis

- Der Garraum muss vor dem Profi-Backen ausgekühlt sein, da ansonsten die Dampf-Phase nicht korrekt ablaufen kann.

Zutaten

500 g	Weissmehl, gesiebt
15 g	Salz
20 g	Hefe
3 dl	Wasser, lauwarm
250 g	mehlig kochende Kartoffeln, geschält, grob gewürfelt
1 Zweig	Rosmarin, Nadeln vom Stiel gezupft und gehackt
3 EL	Olivenöl
	Salz

Garstufen Kartoffelwürfel

mit Vorheizen – Auflage 1
45 Minuten 100 °C Dämpfen

GarstufenRosmarin-Kartoffel-Brot

Auflage 1
45 Minuten 210 °C Profi-Backen

Jogurtbrot

Zubereitung

- Weissmehl, Vollkornmehl und Zucker in eine Schüssel geben.
- Backpulver, Natron und Salz zugeben und mischen.
- In der Mitte mit den Händen eine Mulde formen.
- Das halbe verquirlte Ei und 200 g Jogurt in einer separaten Schüssel mit einem Schwingbesen gut verrühren und in die Mulde geben.
- Von der Mitte her mit den Händen zu einem klebrigen Teig kneten.
- Nach Belieben 75 g Dörrobstwürfel zugeben und einkneten.
- Den Teig zu einem runden Brot formen, kreuzförmig einschneiden und auf das mit Backpapier belegte Edelstahlblech legen.
- Während 40 Minuten bei 190 °C Heissluft backen.
- Aus dem Garraum nehmen, auskühlen lassen und zum Kaffee servieren.

Zutaten

300 g	Weissmehl
300 g	Vollkornmehl
1 TL	Backpulver
$^{1}/_{2}$ TL	Natron
1 EL	Zucker
1 TL	Salz
1	Ei verquirlen, davon die Hälfte nehmen
200 g	Jogurt nature
75 g	Dörrobst, fein gewürfelt (nach Belieben)

Garstufen Jogurtbrot

mit Vorheizen – Auflage 2
40 Minuten 190 °C Heissluft

Kürbis-Pie

Zutaten Mürbeteigboden

250 g	Mehl, gesiebt
160 g	Butter, zimmerwarm
60 g	Staubzucker
1	Ei
2	Messerspitzen Vanillezucker
1	kleine Orange, von der Schale Zeste abgezogen, gehackt
500 g	Hülsenfrüchte zum Blindbacken (beispielsweise Linsen)
	etwas Butter zum Einfetten der Springform

Zutaten Kürbisfüllung

500 g	Muscade-Kürbis, geschält, Kerngehäuse entfernt, Fruchtfleisch fein gewürfelt
1 Prise	Salz
1	Vanillestängel
8 dl	Wasser
1 dl	Doppelrahm
$^1/_2$ dl	Rahm
4	grosse Eier
20 g	Vanillecremepulver
50 g	Zucker
$^1/_2$	Zimtstängel
4	Messerspitzen Zimtpulver

Zubereitung Mürbeteigboden

- Butter und Staubzucker in eine Schüssel geben und leicht schaumig rühren.
- Ein Ei zugeben und gut einrühren.
- Das Mehl mit dem Vanillezucker und der Orangenzeste zufügen und zu einem glatten Teig kneten.
- Zugedeckt während einer Stunde im Kühlschrank ruhen lassen.
- Aus dem Kühlschrank nehmen und rund auswallen.
- In eine mit Backpapier ausgelegte Springform legen.
- Einen Rand von 3 cm stehen lassen und den Boden mit einer Gabel mehrmals einstechen.
- Den zweiten Backpapierbogen darüberlegen und mit den darauf verteilten Hülsenfrüchten beschweren.
- Während 22 Minuten bei 180 °C Heissluft auf dem Gitterrost im Garraum blind backen.
- Herausnehmen und auskühlen lassen.
- Die Hülsenfrüchte entfernen und den Teigboden beiseite stellen.

Zubereitung Kürbisfüllung

- Die Kürbiswürfel in einen Kochtopf geben. Das ausgekratzte Vanillemark und eine Prise Salz zufügen.
- 8 dl Wasser dazugiessen und zugedeckt während 18 Minuten bei 200 °C Heissluft mit Beschwaden in den Garraum geben.
- Herausnehmen und in einem Mixer fein pürieren.
- In eine Schüssel geben und alle restlichen Zutaten zufügen.
- Die Masse mit einem Gummi- oder Silikonspachtel auf dem Teigboden verteilen und während 60 Minuten bei 130 °C Heissluft auf dem Gitterrost backen.
- Herausnehmen, gut auskühlen lassen und aus der Form lösen.

Anrichten

- In Stücke schneiden und auf 4 flache Teller verteilen.

Garstufen Mürbeteigboden

mit Vorheizen – Auflage 1
22 Minuten 180 °C Heissluft

Garstufen Kürbisfüllung

mit Vorheizen – Auflage 1
18 Minuten 200 °C Heissluft mit Beschwaden, Dampf EIN

Garstufen Kürbis-Pie

mit Vorheizen – Auflage 1
60 Minuten 130 °C Heissluft

Schokolade-Bananen-Brot

Zubereitung

- Die Eier und den Zucker in eine Schüssel geben und mit dem Handrührgerät oder einem Schwingbesen schaumig schlagen, bis die Masse sehr hell ist.
- Die gemahlenen Haselnüsse vorsichtig darunterziehen.
- Die eine Hälfte der Banane mit der Gabel zerdrücken. Die andere Bananenhälfte fein würfeln und beides zur Eimasse geben.
- Mehl, Kakaopulver, Maizena und Backpulver zugeben und sorgfältig vermengen.
- Zum Schluss die gehackte Schokolade zugeben und nochmals mischen.
- Die Masse in eine ausgebutterte, mit Mehl bestäubte Cakeform (bei Silikon nicht nötig) geben und auf dem Gitterrost während 30 Minuten bei 180 °C Heissluft backen.
- Aus dem Garraum nehmen und etwas auskühlen lassen.
- Aus der Form lösen und servieren.

Zutaten

2	Eier
85 g	Zucker
75 g	dunkle Schokolade, fein gehackt
20 g	Haselnüsse, gemahlen
50 g	Mehl, gesiebt
5 g	Maizena, gesiebt
5 g	Kakaopulver, ungesüsst, gesiebt
1	Messerspitze Backpulver, gesiebt
1	Banane, geschält, längs halbiert
	Butter und Mehl für die Cakeform

Garstufen Schokolade-Bananen-Brot

mit Vorheizen – Auflage 2
30 Minuten 180 °C Heissluft

Adventscake à la Myriam

Zubereitung

- Den Zucker und die Butter in eine Schüssel geben und mit einem Handrührgerät schaumig rühren.
- Nach und nach die Eier zugeben und weiterrühren, bis eine dickliche, weisse Masse entsteht.
- 6 Esslöffel Rahm zufügen und daruntermischen.
- Anschliessend alle restlichen Zutaten zugeben und während rund 15 Sekunden gut unterrühren.
- Die Masse in eine gebutterte und mit Paniermehl bestreute Cakeform geben.
- Auf dem Gitterrost während 38 Minuten bei 180 °C Heissluft backen.
- Cake aus dem Garraum nehmen (Nadelprobe machen: Der Cake ist gar, wenn an der Nadel keine Masse mehr kleben bleibt), leicht auskühlen lassen, aus der Form lösen und vollständig erkalten lassen.

Zutaten

3	Eier
100 g	Butter, zimmerwarm
100 g	Zucker
6 EL	Rahm
1	gehäufter EL Kakaopulver
1 1/2 EL	Zimtpulver
1/2 TL	Nelkenpulver
1/2 TL	Ingwerpulver
50 g	Sultaninen
1/2	Zitrone, nur geriebene Schale
1/2	Orange, nur geriebene Schale
100 g	Mehl, gesiebt
1	gestrichener TL Backpulver, gesiebt
40 g	weiche Butter für die Cakeform
40 g	Paniermehl für die Cakeform

Garstufen Adventscake

mit Vorheizen – Auflage 2
38 Minuten 180 °C Heissluft

Suppen

Vorspeisen

Alle Rezepte sind für
4 Personen berechnet

Vegetarisch

Fisch und Krustentiere

Fisch und Krustentiere

Fleisch

Alle Rezepte sind für
4 Personen berechnet

Desserts

Brot und Kuchen

Abkürzungen

EL	Esslöffel
TL	Teelöffel
Prise	Messerspitze voll

Spezielle Ausdrücke und Geräte

Garraum	Innenraum des Combi-Steams
Edelstahlblech	Normales, ungelochtes Blech
Mit Vorheizen	Abwarten, bis die gewünschte Temperatur erreicht ist
Mörser	Kleines Granit- oder Marmorbecken, in dem mit einem Stöpsel aus demselben
Material	Körner (beispielsweise Pfeffer) zerquetscht werden
Cutter	Standmixer
Timbaleförmchen	Kleine, runde Aluminiumförmchen verschiedener Höhe
Abtropfsieb	Küchensieb zum Abschütten
Teighorn	Teigschaber aus Plastik

Welches Geschirr kann man im Combi-Steam verwenden?
Beim Kochen mit Dampf alle Arten von Porzellan- und Steingutgeschirr.

Abschmecken	Würzen mit Salz und Pfeffer.
Andünsten	In leicht erhitztem Öl oder Butter während 4 bis 5 Minuten mehrmals wenden.
Blättrig geschnitten	In hauchdünne Quadrate schneiden (bei Gemüse).
Cayennepfeffer	Gemahlene Chilischoten.
Darunterziehen	Etwas sanft miteinander vermischen, beispielsweise Schlagrahm mit einer Eimasse.
Durch Sieb passieren	Trennen von festen und flüssigen Substanzen, die miteinander gekocht wurden.
Eiszapfen	Kleine, weisse Rüben (Navets).
Fond	Grundbrühe aus Fleisch, Fisch oder Gemüse.
Glasieren	In erhitzter Butter, der etwas Zucker beigegeben wurde, kurz wenden.
Im Sturz beigeben	Inhalt einer Pfanne oder einer Schüssel in einem Mal in eine andere Substanz hineinschütten.
Karamellisieren	In gebranntem Zucker wenden.
Kartoffeln, fest kochend	Für Bratkartoffeln, Gratin, Rösti, Kartoffelsalat. Geeignete Sorten sind unter anderem Stella, Nicola, Agria.
Kartoffeln, mehlig kochend	Für Kartoffelstock. Geeignet sind Bintje, Agate.
Leise köcheln	Bei sehr schwacher Hitze kochen lassen.
Nappieren	Ein Gericht mit Sauce überziehen.
Orangenzeste	In feine Streifen geschnittene Orangenhaut.
Sautieren	In Öl oder Butter braten.
Wurzelspinat	Spinatblätter, die am Stock gekauft werden. Sie sind viel intensiver.
Zerkrümeln	Getrocknete Substanzen (meist Gewürze) zerdrücken.

Weshalb?

Beim Knoblauch den Keimling entfernen:

▷ Der Keimling führt dazu, dass der Knoblauch schlecht verdaut wird, oft gar aufstösst. Ohne ist Knoblauch viel bekömmlicher!

Linsen einlegen:

▷ Wenn man Linsen für einen halben Tag in zu Beginn lauwarmem Wasser einlegt, verkürzt sich ihre Kochzeit im Combi-Steam von 30 auf 2 Minuten.

Cakeform buttern und mit Backpapier auslegen:

▷ Ergibt die Sicherheit, dass der Cake am Stück aus der Form kommt.

V-ZUG AG – Innovation und Standort Schweiz spielen die Hauptrolle

Blick in die alte Verzinkerei.

Sie prägen seit Jahrzehnten den Westrand der Stadt Zug: die Produktions- und Verwaltungsgebäude der V-ZUG AG. Der Grundstein für das zweitgrösste Industrieunternehmen des Kantons wurde im Jahre 1913 gelegt – mit der Gründung der Verzinkerei Zug.

Für ältere Einheimische ist die V-ZUG denn auch heute noch die «Verzinki». Und das, obwohl dieser Geschäftsbereich bereits vor Jahrzehnten aufgegeben wurde. Lediglich noch das «V» im Firmennamen erinnert daran.

Aus der Verzinkerei Zug ist längst die V-ZUG geworden – die führende Schweizer Herstellerin von Haushaltgeräten mit 1100 Mitarbeitenden. Und gleichzeitig ein Unternehmen, das im Gegensatz zu vielen andern Firmen dem Standort Schweiz treu geblieben ist: In Zug ist nicht nur der Verkauf zu Hause, sondern auch Forschung, Entwicklung und Produktion.

ZUGORAMA – das Ausbildungs- und Beratungszentrum in Zug.

Durch diese bewusst angestrebte Marktnähe schaffen es die Zuger immer wieder, ihre Nase vorn und Erfolg zu haben. Dazu gehört eine gehörige Portion Innovationskraft. Trotz harter Konkurrenz durch ausländische Unternehmen gelingt es der V-ZUG immer wieder, Meilensteine zu setzen.

Beispielsweise mit dem Combi-Steam SL. «Heute wollen die Leute gesund essen; solche Trends müssen wir erkennen und umsetzen», erklärt dazu Direktionspräsident Werner Rellstab. Dieses Denken führte beispielsweise auch zur Entwicklung von Weltneuheiten wie dem Milbenstopp-Programm oder dem Programm Dampfglätten bei den jüngsten Waschautomaten.

Programmieren des Combi-Steam SL vom Büro aus, Überwachung des Bratens im Backofen während des Apéros im Garten – dies ist nicht mehr Zukunft, sondern bereits Realität geworden. Im Büro die Einkaufsliste fürs abendliche Tête-à-tête mit einem Diner nach Rezeptvorschlägen des Starkochs Stefan Meier auszudrucken, gehört ebenfalls dazu. (www.zughome.ch)

Dank dieser Innovationspolitik sind die High-End-Produkte von V-ZUG auch weit über die Landesgrenzen hinaus gefragt.